Xiaodong Liu

Chinas Autobauer auf der Überholspur

Xiaodong Liu

Chinas Autobauer auf der Überholspur

Szenarien zur Konsolidierung der chinesischen Automobilindustrie bis 2015

Tectum Verlag

Xiaodong Liu

Chinas Autobauer auf der Überholspur.
Szenarien zur Konsolidierung der chinesischen Automobilindustrie bis 2015

ISBN: 978-3-8288-9570-6

Umschlagabbildungen: Xiadong Liu

Besuchen Sie uns im Internet
www.tectum-verlag.de

Bibliografische Informationen der Deutschen Nationalbibliothek
Die Deutsche Nationalbibliothek verzeichnet diese Publikation in der Deutschen Nationalbibliografie; detaillierte bibliografische Angaben sind im Internet über http://dnb.ddb.de abrufbar.

Inhaltsverzeichnis

Abbildungsverzeichnis

Tabellenverzeichnis

Abkürzungsverzeichnis

AMC	American Motors Corporation
ASEAN	Association of South-East Asian Nations
BAIC	Beijing Automotive Industry Corporation
BIP	Bruttoinlandsprodukt
CAIA	China Automotive Industry Association
CEO	Chief Executive Officer
DMC	Dongfeng Motor Corporation
EU	Europäische Union
FAW	First Automobile Works
F&E	Forschung und Entwicklung
GAIC	Guangzhou Automotive Industry Corporation
GM	General Motors
JV	Joint Venture
KD	Knocked Down
Kfz	Kraftfahrzeug(e)
Kfz-GVO	Kfz-Gruppenfreistellungsverordnung
Lkw	Lastkraftwagen
MPV	Multi Purpose Vehicle
NAIC	Nanjing Automotive Industry Corporation
Mio.	Million(en)
Mrd.	Milliarde(n)
Nfz	Nutzfahrzeug(e)
Pkw	Personenkraftwagen
PSA	Peugeot Société Anonyme (Peugeot/Citroën)
RMB	Renminbi (die chinesische Währung)
SAIC	Shanghai Automotive Industry Corporation
SEM	South East Motors
VDA	Verband der Automobilindustrie
VW	Volkswagen
WTO	World Trade Organization

1 Einleitung

Als einer der am rasantesten wachsenden Märkte der Welt ruft China Euphorie hervor. Mit seiner Bevölkerungszahl von offiziell 1,3 Milliarden Menschen als potenzielle Kunden[1] übt China auf westliche Unternehmen nach wie vor eine magische Anziehungskraft aus. Seit Chinas Öffnung 1978 wächst seine Wirtschaft nach offiziellen Angaben konstant mit durchschnittlich mehr als 9,7 % pro Jahr[2]: eine Zahl, die für die meisten Industrieländer unerreichbar erscheint. Nachdem Produkte *made in China* wie Schuhe, Spielzeug, Textilien, Kühlschränke, PCs oder Digitalkameras bereits die Märkte im Westen überschwemmen, streben die Chinesen beharrlich nach weiteren Erfolgen in anderen Industriezweigen, zum Beispiel in der Automobilbranche.

Spätestens seit 2004 gehört China zu den wichtigsten Autonationen der Welt. Bereits in jenem Jahr lag das Land mit einer Fahrzeugproduktion von 5.070.100 Einheiten auf Rang vier[3] hinter den USA (11.956.000 Einheiten), Japan (10.512.000 Einheiten)[4] und Deutschland (5.569.954 Einheiten)[5]. 2006 schließlich ist China mit einer Fahrzeugproduktion von 7.279.200 Einheiten zur zweitgrößten Autonation hinter den USA aufgesteigen, und 2007 hat das Land diese Stellung in der Rangliste der Autonationen gehalten (8.882.400

[1] Streng betrachtet ist die Vorstellung vom chinesischen Milliardenvolk als homogene Konsumentenmasse für Güter aller Art Schönfärberei. Aufgrund der unterschiedlichen Wirtschaftsentwicklung in den verschiedenen Regionen des Landes existiert ein großes Wohlstandsgefälle zwischen Küstenstädten und Hinterland. Die weiterhin 800 bis 900 Millionen Landbewohner (Landflüchtige, Wanderarbeiter inklusive) Chinas sind jedenfalls keine potenziellen Autokunden.

[2] 2007 ist Chinas Wirtschaft nach offziellen Angaben erneut um 11,4% gewachsen, wie seit 1995 nicht mehr. Vgl. China Daily (2008). Das BIP-Wachstum in China von 1978 bis 2006: 11,7%, 7,6%, 7,8%, 5,2%, 9,1%, 10.9%, 15,2%, 13,5%, 8,8%, 11,6%, 11,3%, 4,1%, 3,8%, 9,2%, 14,2%, 13,5%, 12,6%, 10,5%, 9,6%, 8,8%, 7,8%, 7,1%, 8,0%, 8,3%, 9,1%, 10%, 10,1% und 9,9% und 10,7%. Quellen: o. V. [GDP 2006]; National Bureau of Statistics, China Statistical Yearbook 2005; National Bureau of Statistics Plan Report, Fourin China Auto Weekly, 5. Dezember 2005; Wirtschaftswoche Sonderheft China [Kraft 2005]; China Daily (2007).

[3] Vgl. Beijing HL Consulting (2005), S. 5; UBS Investment Research (2005), S. 7; o. V. [Pkw-Produktion 2005].

[4] Vgl. o. V. [Pkw-Produktion 2005].

[5] Vgl. VDA [2].

Einheiten).[6] Neben einem florierenden Binnenmarkt hat China auch den Ehrgeiz entwickelt, mit eigenen Automobilprodukten auf dem Weltmarkt zu expandieren.

Auf der „Internationalen Automobil-Ausstellung" (IAA) in Frankfurt von 15. bis 25. September 2005 präsentierten zum ersten Mal drei chinesische Hersteller (Jiangling/Chang'an[7], Brilliance und Geely) Modelle vom Gelände- bis hin zum Mittelklassewagen.[8] Landwind, der Geländewagen von Jiangling, sowie die 4,88 Meter lange Limousine Zhonghua von Brilliance (Joint-Venture-Partner von BMW) sind inzwischen für europäische Kunden zu haben.[9] Gemäß einer Vereinbarung von 2006/2007 zwischen Brilliance und der Luxemburger Autohandelsgesellschaft HSO werden in den „nächsten fünf Jahren", also etwa bis ins Jahr 2012, 158.000 Einheiten der Wagenmodelle von Brilliance in Deutschland, den Benelux-Staaten, Österreich, der Schweiz und Polen zum Verkauf angeboten.[10] Die Augsburger Autohandelsgruppe AVAG stand derweil in Verhandlungen mit den chinesischen Automobilherstellern Chery und Geely über den Aufbau eines Vertriebsnetzes in Deutschland.[11]

Präsenz zeigte China auch auf der IAA vom 13. bis 23. September 2007. Während Geely und Chery diesmal - offiziell „aus logistischen Gründen" - zwar fehlten, ließ es sich Brilliance nicht nehmen, seine neue Kompaktlimousine BS2 zu präsentieren.[12] Besonders von sich reden machte jedoch das bis dahin auch in westlichen Fachkreisen unbekannte Unternehmen Shuanghuan. Begleitet von heftigen Plagiatsvorwürfen ließ Shuanghuan mittels der Münchner Vertriebsfirma China Automobile Deutschland GmbH seine Geländewagen CEO und UFO in Frankfurt ausstellen.[13] Als weiterer chinesischer Aussteller war die Zhejiang Gonow Auto Corporation mit Geländewagen-Modellen vertreten.

---

6 Vgl. o. V. [Produktion 2008]; o. V. [Acht Millionen 2008].

7 Jiangling gehört zur Chang'an Automobile Corporation.

8 Vgl. FAZ [Chinesen 2005]; Der Spiegel online (2005).

9 Seit Mai 2005 wird der Geländewagen Landwind von Jiangling in 27 europäischen Ländern angeboten. Vgl. FTD [Automarkt 2005]; Dpa [Zhonghua 2005].

10 Vgl. Der Tagesspiegel Online (2006); China Economic Net (2007); o.V. [Marken 2007].

11 Vgl. Automobilwoche [Europa 2005].

12 Vgl. FAZ [Langer Marsch 2007].

13 Vgl. Dpa [Shuanghuan 2007].

Zur gleichen Zeit wurde eine Umfrage des Beratungsunternehmens Accenture öffentlich, wonach 25 Prozent der Deutschen sich vorstellen könnten, ein chinesisches Fahrzeug zu kaufen. 28 Prozent der befragten Führerscheinbesitzer vertraten die Auffassung, „dass chinesische Automobilproduzenten innerhalb der nächsten fünf Jahre hierzulande so erfolgreich sein werden wie koreanische Marken" - und das, trotz desaströser Resultate bei diversen Crashtests.[14]

Chinas Automobilindustrie strebt nach internationalen Erfolgen, gleichwohl steckt „zu Hause" in China die Motorisierung im Vergleich zu jener der schon längst nachhaltig motorisierten Industrienationen noch in den Kinderschuhen: Eine Pkw-Dichte in China von gerade einmal 5,2 Einheiten pro 1.000 Einwohner[15] stand im Jahr 2005 einer in den USA von 743 Einheiten pro 1.000 Einwohner[16] gegenüber. Deshalb und aufgrund des erbitterten Wettbewerbs um Marktanteile und Profit vor dem Hintergrund eines stagnierenden Wirtschaftsklimas und daraus resultierender Zurückhaltung der privaten Konsumenten sowohl in den Heimat- als auch in den Überseemärkten wird China von allen internationalen Autokonzernen als Markt mit immensen Entwicklungspotenzialen angesehen. Alle Augen schauen nach China. 14 internationale Automobilkonzerne haben mittlerweile zusammen mit chinesischen Partnern 17 Joint Ventures (JV) gegründet.[17]

Bereits bis Ende 2004 hatten die internationalen Automobilkonzerne 20 Milliarden US$ in China investiert.[18] Nirgendwo sonst auf der Welt existieren so viele Automobilproduktionsanlagen und Automarken gleichzeitig in einem Land. China ist zum maßgeblichen „Ringplatz" der Autokonzerne um Wachstum und für manche von ihnen gar ums Überleben geworden.

Wie aber wird sich die chinesische Automobilindustrie entwickeln? Wird eine Konsolidierung der Branche in China stattfinden, wie sie jene der Industrienationen im zurückliegenden Jahrhundert erlebt hat? Welche künftigen Unternehmensstrukturen der Automobilindustrie in China sind zu erwarten? Welche Rolle spielen dabei die einheimischen und die internationalen Automobilunternehmen? Was hat die chinesische Regierung vor - will sie die nationale

---

14 Vgl. Der Spiegel Online [Accenture 2007].

15 Vgl. Ernst & Young (2005), S. 2.

16 Vgl. UBS Investment Research (2005), S. 11.

17 Vgl. o. V. [Pkw-Industrie 2005].

18 Vgl. Die Welt [Sparkurs 2005].

Modernisierung und Industrialisierung mit Hilfe einer eigenen Automobilindustrie vorantreiben?

Die vorliegende Studie entstand in Zusammenarbeit mit einem internationalen Automobilkonzern mit Heimatsitz in Deutschland und wird unter Anwendung der Szenario-Technik auf die gestellten Fragen eingehen. Im Fokus der Betrachtung liegt dabei die in China stark wachsende Pkw-Sparte[19].

1.1 Problemstellung und Zielsetzung der Untersuchung

Ist China ein Partner oder ein Gegenspieler? Auch die internationalen Automobilkonzerne beschäftigen sich seit langem mit dieser Frage. Nach Milliarden-Investitionen in die chinesische Automobilindustrie ist das Chinageschäft ein wichtiger Bestandteil der globalen Aktivitäten der Konzerne geworden. Aber zugleich bleibt China als Partner unberechenbar und die Zusammenarbeit mit chinesischen Automobilunternehmen mit vielen Risiken verbunden. Die Chinesen setzen alles daran, mit Hilfe des Know-how-Transfers eine eigene unabhängige Autoindustrie aufzubauen. Um sich Marktanteile in China zu sichern, müssen die internationalen Konzerne ständig um Kooperationen buhlen und sind gezwungen, Zugeständnisse zu machen. Gleichzeitig ist der Wettbewerbsdruck zwischen den ausländischen und den inländischen Automobilunternehmen gewachsen. Preisschlachten und Überkapazitäten prägen das Tagesgeschäft in China. Hinzu kommt eine historisch gewachsene dezentrale Branchenstruktur mit über 30 einheimischen Unternehmen zur Pkw-Produktion. Alles deutet auf eine stete Konzentration auf wenige leistungsfähige chinesische Autounternehmen hin - eine Konzentration, die wie zu beweisen sein wird, auch die chinesische Regierung anstrebt.

Die möglichen Zukunftsbilder einer solchen Konsolidierung zu erörtern, ist Ziel und Inhalt der folgenden Untersuchung. Darüber hinaus geht es im Speziellen um hypothetische künftige Branchenstrukturen durch Fusionen und Übernahmen gewachsener chinesischer Automobilgroßunternehmen. Die Ergebnisse der Untersuchung sollen den internationalen Autokonzernen die Chancen und Risiken ihres Engagements im Reich der Mitte verdeutlichen und ihnen als Informationsbasis dienen, um gegebenenfalls eine Feinjustierung ihrer China-Strategien vorzunehmen.

---

19 Im Jahr 2000 machten Pkw „nur" 30 Prozent des gesamten Fahrzeugabsatzes in China aus, 2006 waren es beinahe 60 Prozent. Vgl. o. V. [Automarkt 2007].

1.2 Allgemeine Vorgehensweise im Rahmen der Untersuchung

Um Entwicklungstendenzen der chinesischen Autoindustrie und mögliche Zukunftsbilder einer Konsolidierung in der Branche erörtern zu können, werden zunächst im Kapitel 2 die theoretischen Grundlagen der strategischen Unternehmensplanung und der Szenario-Technik als eines ihrer Instrumente der Zukunftsforschung dargelegt, um darauf aufbauend einen Plan zur fallbezogenen Vorgehensweise zu entwickeln.

Im Kapitel 3 schließt sich die Anwendung der Szenario-Technik zur Beschreibung des Konsolidierungsprozesses innerhalb der chinesischen Automobilindustrie bis zum Jahr 2015 an. Die fallbezogene Vorgehensweise beginnt mit einer Strukturierung und Eingrenzung der Aufgabenstellung. Dabei wird ein kurzer geschichtlicher Abriss der Entwicklung der chinesischen Pkw-Industrie - die im Fokus der Betrachtung steht - bis heute gegeben und die Notwendigkeit einer Konsolidierung hergeleitet und begründet. Es folgt die Identifizierung und Analyse maßgeblicher Einflussbereiche und Schlüsselfaktoren einer Konsolidierung und schließlich die Bildung von drei möglichen Zukunftsbildern des restrukturierten Zustands der chinesischen Automobilindustrie im Jahr 2015 (zwei Extremszenarien und ein Trendszenario). Die Begründungen für die künftigen Ausprägungen der Einflussbereiche und Schlüsselfaktoren erfolgen im Rahmen der Ausformulierung der Szenarien.

Kapitel 4 beginnt mit einem wissenschaftstheoretischen Exkurs zur Strategieentwicklung auf der Grundlage von Szenarien. Der fallbezogen ausgewählte Strategietyp „Auf das wahrscheinlichste Szenario setzen“ wird angewendet und mögliche Unternehmensstrukturen im Jahr 2015 werden unter der Prämisse des Strategietyps antizipiert. Es folgen Überlegungen zu den Auswirkungen für die einheimischen und internationalen Automobilhersteller sowie zur strategischen Vorbereitung der internationalen Konzerne auf das wahrscheinlichste Szenario der Konsolidierung.

Am Ende der Studie, im Kapitel 5, stehen eine Zusammenfassung der Erkenntnisse und ein kurzer Ausblick.

2 Theoretische Grundlagen

2.1 Die strategische Unternehmensplanung

2.1.1 Begriffsbestimmung und Anwendungsbereich

Strategische Unternehmensplanung ist die Formulierung von Absichten und Zielen beziehungsweise der Entwurf von Strategien und Maßnahmen, welche die zukünftige Weiterentwicklung des Unternehmens bestimmen und formen sollen.[20] Im Rahmen der Entscheidungsfindung berücksichtigt die strategische Unternehmensplanung als zentralen Fokus der Untersuchung alle planungsrelevanten Umweltbedingungen und -trends, um dann durch eine Analyse der momentanen Situation mögliche Entwicklungstendenzen zu erörtern, Gefahren abzuwägen und das Unternehmen optimal auf die Zukunft vorzubereiten.[21] Dabei geht es der obersten Unternehmensleitung, der die strategische Planung obliegt, um die bestmögliche Ausnutzung vorhandener Ressourcen sowie durch die Umwelt bedingter Chancen, aber auch um die Verringerung von Risiken sowie die Abwehr von Bedrohungen.[22]

2.1.2 Zielsetzung und Aufgaben

Das grundsätzliche Ziel der strategischen Unternehmensplanung ist es, die Überlebensfähigkeit des Unternehmens zu sichern, indem sie Wege auserwählt, auf denen Erfolgspotenziale optimal erschlossen und gegen Negativeinflüsse geschützt werden können. Damit bestimmt sie die Richtung, die Parameter und die Inhalte der weiteren Entwicklung des Unternehmens.[23] Charakteristisch für die strategische Unternehmensplanung ist ihr langfristiger Planungshorizont.[24] Sie betrachtet das Unternehmen als Ganzes, erfasst seine komplexen Beziehungsfelder zur Umwelt und muss dabei schlecht strukturierte Problemstellungen sowie relativ hoch aggregierte Größen analysieren.[25]

Folgerichtig liegen die Aufgaben der strategischen Unternehmensplanung darin, von einem Ist-Zustand ausgehend, die eigenen

---

[20] Vgl. Meyer-Schönherr (1991), S. 6.

[21] Vgl. Meyer-Schönherr (1991), S. 6.

[22] Vgl. Kreikebaum (1989), S. 26.

[23] Vgl. Hahn (1997), S. 4.

[24] Vgl. Link (1985), S. 248.

[25] Vgl. Schweitzer (1989), S. 25; Wiedmann/Kreutzer (1989), S. 66.

Stärken und Schwächen in Beziehung zur Umwelt deutlich zu machen und darin, die in der Umwelt liegenden sowohl gegenwärtigen als auch künftigen Chancen und Risiken zu strukturieren bzw. zu prognostizieren. Der strategischen Unternehmensplanung obliegt es, sich verändernde Anforderungen der Umwelt frühzeitig zu erkennen, darauf zu reagieren und sich auf eine antizipierte Zukunft vorzubereiten, um den Bestand des Unternehmens auch unter möglicherweise widrigen Umständen langfristig zu sichern.[26]

2.2 Die Szenario-Technik als Instrument der strategischen Unternehmensplanung

Als Werkzeug der strategischen Unternehmensplanung hat die Zukunftsforschung einen immer größeren Stellenwert. Zukunftsforschung vermag zwar nicht, künftige Entwicklungen perfekt vorherzusagen, aber sie kann alternative künftige Entwicklungen erwägen und nach ihrer Relevanz einordnen, damit sich Entscheidungsträger auf in der Zukunft notwendige Entscheidungen rechtzeitig und systematisch vorbereiten können.[27] Die Zukunftsforschung muss für das Unternehmen und sein Umfeld maßgebliche Einflussfaktoren identifizieren und deren Interdependenzen genauso berücksichtigen wie die Unsicherheit von Informationen und Entwicklungstrends.[28]

Vor dem Hintergrund der Langfristigkeit der Prognosezeiträume und der Dynamik von Entwicklungen versucht die „Szenario-Technik" als Werkzeug der Zukunftsforschung und Instrument strategischer Unternehmensplanung den genannten Anforderungen gerecht zu werden.[29]

2.2.1 Begriffsbestimmung und Charakteristika eines Szenarios

Der Terminus Szenario stammt aus dem Lateinischen und fand zunächst vor allem Anwendung in der Bühnensprache als Bezeichnung der Szenenfolge eines Theaterstückes.[30] Durch die Arbeiten von Kahn sowie die von Meadows und des Club of Rome gewann der Begriff seit den 50er Jahren an Bedeutung in den Wirtschafts-

---

[26] Vgl. Dekker (1988). S. 847; Raffée (1979), S. 3f; Lombriser/Abplanalp (1997), S. 90f ; Steinmann/Schreyögg (1997), S. 159f.

[27] Vgl. Oberkampf (1976), S. 2.

[28] Vgl. Götze (1991), S. 340f; Hanssmann (1995), S. 29.

[29] Vgl. Schellhase (1998), S. 7.

[30] Vgl. Schellhase (1998), S. 8.

und Sozialwissenschaften.[31] Die ersten „Szenarien“ jedoch wurden vornehmlich für politische und militärische Bereiche erstellt.[32] Kahn und Wiener definieren Szenarien als „hypothetische Folgen von Ereignissen, die konstruiert werden, um die Aufmerksamkeit auf kausale Prozesse und Entscheidungspunkte zu lenken.“[33] Darauf aufbauend lassen sich die typischen Charakteristika eines Szenarios in erweiterter Anlehnung an Götze[34] wie folgt zusammenfassen:

1. Ein Szenario ist ein mögliches Zukunftsbild eines sozioökonomischen Untersuchungsfeldes, das in seiner Ausformulierung, der Glaubwürdigkeit und Nachvollziehbarkeit wegen, von Ist-Zuständen ausgehend auch den Entwicklungsverlauf hin zu diesem Zukunftsbild erklären sollte.[35]
2. Aufgrund seiner lediglich hypothetischen Aussagekraft fußt ein Szenario mehr auf Projektionen und Vorhersagen als auf Prognosen.[36]
3. In einem Szenario werden die Entwicklungsmöglichkeiten miteinander vernetzter Einflussgrößen plausibel, widerspruchsfrei und systematisch zu einem Zukunftsbild gebündelt.[37]
4. Ein Szenario bildet zusammen mit weiteren möglichen, aber in Kernpunkten unterschiedlichen Szenarien das Spektrum künftiger Richtungen und Tendenzen, welches das Untersuchungsfeld räumlich eingrenzt und begreifbar macht.[38]
5. Ein Szenario sollte textlich ausformuliert werden und sowohl quantitative als auch qualitative Aussagen enthalten.[39]

---

31 Vgl. Kahn (1972); Kahn/Redepening (1972); Meadows/Donella (1972).

32 Vgl. von Reibnitz (1987), S. 12.

33 Vgl. Kahn/Wiener (1968), S. 6.

34 Vgl. Götze (1991), S. 38.

35 Vgl. Gausemeier/Fink/Schlake (1996), S. 90; Geschka/von Reibnitz (1986), S. 128; Agustoni (1983), S. 319; Ayres (1971), S. 146.

36 Vgl. Gausemeier/Fink/Schlake (1996), S. 90; Geschka/von Reibnitz (1986), S. 128.

37 Vgl. Gausemeier/Fink/Schlake (1996), S. 90; Porter (1999), S. 565; Ayres (1971), S. 146; Geschka/Winckler (1989), S. 17; Vgl. Geschka /Hammer (1986), S. 241.

38 Vgl. Angermeyer-Neumann (1985), S.119; Hanssmann (1995), S. 267.

39 Vgl. Höhn (1983), S. 38; Brauers/Weber (1986), S. 631; von Reibnitz/Geschka/Seibert (1982), S. 45.

2.2.2 Definition der Szenario-Technik

Auf Basis der vorangegangenen Ausführungen und unter Berücksichtigung, dass sich die vorliegende Arbeit mit dem Einsatz der Szenario-Technik für ein Untersuchungsfeld einer Industriebranche der mikroökonomischen Ebene befasst, soll folgende Definition von Szenario-Technik zugrunde gelegt werden:

> Die Szenario-Technik ist als ein Werkzeug der Zukunftsforschung Instrument der strategischen Unternehmensplanung. Sie soll die Entscheidungsträger eines Unternehmens auf zukünftig mögliche Entwicklungen und damit verbundene notwendige Entscheidungen rechtzeitig und systematisch vorbereiten. Dazu werden hypothetische Zukunftsbilder (Szenarien) eines genau definierten sozioökonomischen Untersuchungsfeldes ausformuliert. Diese Zukunftsbilder müssen sich in Kernpunkten unterscheiden, um ein möglichst großes Spektrum des Untersuchungsfeldes zu erfassen. Dazu werden ausgehend von Ist-Zuständen miteinander vernetzter Einflussgrößen deren mögliche Entwicklungsverläufe in Annahmebündeln zusammengefasst. Die entstehenden gebündelten Zukunftsbilder müssen plausibel und widerspruchsfrei sein sowie mögliche Entwicklungsverläufe nachvollziehbar begründen.

2.2.3 Trichter: Das Denkmodell zur grafischen Darstellung der Szenario-Technik

Zur grafischen Darstellung der Szenario-Technik eignet sich der sogenannte Szenario-Trichter (siehe Abbildung 1). Der engste Punkt des Trichters symbolisiert die Gegenwart; in Richtung Zukunft weitet sich der Trichter, da eine zunehmende Komplexität und Unsicherheit möglicher Entwicklungen mit in die Betrachtung einfließen muss. Die Gegenwart lässt sich im wahrsten Sinne des Wortes noch auf den Punkt bringen, die Ist-Zustände bestimmter Einflussgrößen sind erfassbar.[40] Es lässt sich ziemlich eindeutig feststellen, welche Faktoren momentan auf welche Weise auf das Unternehmen beziehungsweise das Untersuchungsfeld einwirken – seien es Angebot und Nachfrage, die Wettbewerbslage, gesetzliche Vorschriften und Regulierungen oder die wirtschaftliche Situation der Branche im Allgemeinen sowie des Unternehmens im Besonderen. Je weiter man sich jedoch gedanklich in die Zukunft begibt und ausgehend von den Ist-Zuständen mögliche Fortentwicklungen und Veränderungen der Einflussgrößen und

---

[40] Vgl. Kaluza/Ostendorf (1995), S. 10.

Wirkungsfaktoren in die Zukunft projiziert oder gar neue künftige Entwicklungen in die Betrachtung einbezieht, desto weniger genau vermag man sichere Feststellungen zu treffen.[41] Es kann vielmehr nur noch ein Aufzeigen von verschiedenen Möglichkeiten sein.[42]

Abbildung 1: Der Szenario-Trichter

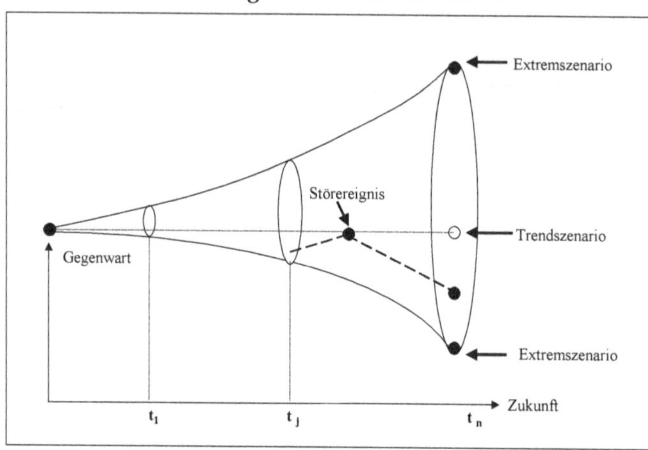

Eigene Darstellung

Innerhalb des breit gefassten Zukunftsspektrums des Trichters fließen quantitative Daten und Informationen mit qualitativen Aussagen und Einschätzungen in plausibel gebündelten hypothetischen Zukunftsbildern (Szenarien) zusammen. Die Fachliteratur unterscheidet in der Regel zwischen drei Grundtypen von Szenarien: zwei Extremszenarien an den Rändern des Trichters und ein Trendszenario innerhalb des Trichters.[43] Die Extremszenarien sind ein für das Unternehmen günstiges Zukunftsbild (*best-case-scenario*) sowie ein für das Unternehmen ungünstiges Zukunftsbild (*worst-case-scenario*). Das Trendszenario wiederum ist eine ziemlich genaue Fortschreibung der gegenwärtigen Situation (Trend-Exploration).[44]

Daneben wird im Rahmen der Szenario-Technik auch möglichen Störereignissen Bedeutung beigemessen, die innerhalb des Trichterspektrums für abrupt auftretende Richtungsänderungen der Ent-

---

41 Vgl. Kaluza/Klenter (1993), S. 1 u. 23.

42 Vgl. von Reibnitz (1992), S. 26.

43 Vgl. Geschka/von Reibnitz (1986), S. 130. Von Reibnitz hält in späteren Abhandlungen jedoch die Entwicklung von lediglich zwei Szenarien für die sinnvollste Vorgehensweise. Vgl. von Reibnitz (1992), S. 28.

44 Vgl. Weinbrenner (1992), S. 4.

wicklungspfade hin zu den drei Szenario-Grundtypen sorgen könnten.[45] Die Unternehmensstrategen sollten sich nicht nur die Frage beantworten, welche Störereignisse eintreten und welche Auswirkungen sie haben könnten, sondern sich auch überlegen, wie sie das Unternehmen präventiv und/oder reaktiv am besten darauf einzustellen und gegebenenfalls sogar gegen bestimmte Störereignisse abzusichern oder zu immunisieren vermögen.[46]

2.2.4 Typische Vorgehensweise im Rahmen der Szenario-Technik

Die typische Vorgehensweise im Rahmen der Szenario-Technik lässt sich anhand mehrerer Arbeitsschritte verdeutlichen:

> **Schritt 1:** Da der Erfolg der Arbeit mit Szenarien maßgeblich vom richtigen Fokus abhängt, besteht der erste Schritt in einer Aufgabenanalyse. Das Untersuchungsfeld muss genau definiert, eingegrenzt und strukturiert, die strategischen Aufgabenstellungen müssen präzise formuliert werden.[47] Im direkten Anschluss sollte eine Untersuchung und Darstellung des Ist-Zustands des Untersuchungsfeldes folgen, um maßgebliche künftige Probleme und mögliche Entwicklungen in der Zukunft identifizieren und abschätzen zu können.[48] Im Schritt 1 ist auch der Zeithorizont für die Betrachtung festzulegen.[49]
>
> **Schritt 2:** Im zweiten Arbeitsschritt erfolgt eine Einflussanalyse. Es ist zu erörtern, welche äußeren Einflüsse auf das vorher definierte Untersuchungsfeld bzw. auf das Unternehmen innerhalb des Untersuchungsfeldes einwirken und damit auch dessen künftige Entwicklung bestimmen.[50] Dabei lassen sich verschiedene Einflussbereiche voneinander unterscheiden; jeder Einflussbereich wiederum ist durch bestimmte Einflussfaktoren zusammengesetzt. Beispielsweise könnten in einem Einflussbereich „Wirtschaft“ die Konjunktur, die Investitionsbereitschaft, das verfügbare Einkommen und dergleichen als Faktoren identifiziert werden. Diese Einflussfaktoren werden mitunter auch

[45] Vgl. Kaluza/Wegmann (1998), S. 11.

[46] Vgl. von Reibnitz (1992), S. 29.

[47] Vgl. Franke (1988), S. 73; Meyer-Schönherr (1991), S. 36; Oberkampf (1976), S. 13.

[48] Vgl. Meyer-Schönherr (1991), S. 47.

[49] Vgl. von Reibnitz (1992), S. 32.

[50] Vgl. von Reibnitz (1992), S. 34.

Deskriptoren genannt.[51] Allerdings benötigt man, auch der Übersichtlichkeit der Darstellung des Szenariospektrums wegen, nicht alle denkbaren Einflussfaktoren: In die Betrachtung einfließen sollten nur die maßgeblichen, die deshalb so genannten Schlüsselfaktoren.[52] Die Schlüsselfaktoren dürfen sich inhaltlich nicht überschneiden und müssen sich eindeutig voneinander abgrenzen. Hat man die Schlüsselfaktoren identifiziert, so ist ihr gegenwärtiger Ist-Zustand mittels quantifizierbarer Größen zu ermitteln.[53]

Nun sollte sich idealer Weise eine Untersuchung der Beziehungen zwischen den Schlüsselfaktoren und dem Untersuchungsfeld (**Wirkungsanalyse**)[54] sowie eine Untersuchung der Beziehungen der Schlüsselfaktoren untereinander (**Interdependenzanalyse**)[55] anschließen. Sinn und Zweck der Wirkungsanalyse ist es, die Relevanz der Schlüsselfaktoren und ihre Bedeutung für das Untersuchungsfeld festzustellen.[56] Die Interdependenzanalyse wiederum zielt darauf ab, aufzuzeigen, wie sich die Schlüsselfaktoren gegenseitig beeinflussen, und damit den Blick für die Strukturen des Untersuchungsfeldes zu schärfen und das Verständnis von allen Wirkungsgrößen zu vertiefen.[57]

Schritt 3 (Projektionen): Im Anschluss an die Ermittlung der Ist-Zustände der Schlüsselfaktoren innerhalb der Einflussbereiche und der Analyse ihrer Wirkung und Zusammenhänge ist ihr möglicher Entwicklungsverlauf bis hin zu dem im Planungshorizont festgelegten Zeitraum herauszuarbeiten.[58] Es sind also nicht nur hypothetische Annahmen über künftige Ausprägungen der Schlüsselfaktoren zu treffen, sondern auch die Fortschreibungstrends der Faktoren auf dem Weg dorthin zu erarbeiten.[59] Dazu wird eine umfangreiche Datensammlung benötigt (Statistiken, Exper-

---

[51] Vgl. Gausemeier/Fink/Schlake (1996), S. 167.

[52] Vgl. Gausemeier/Fink/Schlake (1996), S. 167; Meyer-Schönherr (1991), S. 47.

[53] Vgl. Meyer-Schönherr (1991), S. 47.

[54] Vgl. von Reibnitz/Geschka/Seibert (1982), S. 26f; Geschka/Hammer (1986), S. 248.

[55] Vgl. von Reibnitz/Geschka/Seibert (1982), S. 26f; Geschka/von Reibnitz (1986), S. 131.

[56] Vgl. von Reibnitz (1987), S. 37.

[57] Vgl. Geschka/von Reibnitz (1986), S. 140f; Geschka/Hammer (1986), S. 248.

[58] Vgl. Kaluza/Ostendorf (1997), S. 23.

[59] Vgl. Meyer-Schönherr (1991), S. 49.

tenwissen, bereits vorhandene Prognosen und dergleichen).[60] Des Weiteren ist darauf zu achten, die Fortschreibungstrends und Annahmen transparent, sinnvoll und schlüssig zu begründen und unmissverständlich zu formulieren[61]

Schritt 4: Im vierten Schritt ist eine **Konsistenzanalyse** angeraten, bei der die gegenseitigen Wirkungen und Beziehungen zwischen den künftigen Ausprägungen der Schlüsselfaktoren untersucht werden. Ziel dieses Schrittes ist es, zueinander passende Ausprägungen in konsistenten „Bündeln" zusammenzufügen. Bei komplexen Problemen und einer großen Anzahl identifizierter Schlüsselfaktoren empfiehlt es sich, eine so genannte Konsistenzmatrix zur Hilfe zu nehmen.[62]

Schritt 5 (Szenariobildung): Die in Annahmebündeln zusammengefassten zueinander passenden Ausprägungen der Schlüsselfaktoren sind im fünften Schritt zu Zukunftsbildern (Szenarien) auszugestalten.[63] Herauskommen sollten im Idealfall mindestens zwei oder drei unterschiedliche hypothetische Szenarien[64], wie bereits oben bei der Beschreibung des Denkmodells „Szenario-Trichter" erklärt wurde. Die zwei Extremszenarien (*best-case-scenario* und *worst-case-scenario*) müssen so konträr wie möglich sein, um ein möglichst breites und solides Szenario-Spektrum zu generieren.

Dabei ist darauf zu achten, dass die Szenarien in sich stimmig, konsistent und widerspruchsfrei sind. Sie sollten zudem stabil sein, d. h. sie dürfen nicht durch kleine Richtungsänderungen des Entwicklungspfades einzelner Schlüsselfaktoren ihre Bestandsfähigkeit verlieren.[65] Nicht zuletzt bleibt aber festzuhalten, dass eine vollständige Abdeckung aller möglichen Zukunftssituationen nicht realisierbar ist.[66] Deshalb müssen Szenarien auch als dynamische

---

60 Vgl. Geschka/von Reibnitz (1986), S. 132; Geschka/Winckler (1989), S. 20.

61 Vgl. Geschka/von Reibnitz (1986), S. 132; Geschka/Hammer (1986), S. 249; Porter (1999), S. 570.

62 Vgl. von Reibnitz (1992), S. 49; Schellhase (1998), S. 14; Meyer-Schönherr (1991), S. 50. Der konkrete Gebrauch einer Konsistenzmatrix wird hier nicht näher erläutert, da sie im Rahmen der vorliegenden Abhandlung nicht angewendet werden muss.

63 Vgl. Meyer-Schönherr (1991), S. 53.

64 Vgl. von Reibnitz (1992), S. 54.

65 Vgl. von Reibnitz (1992), S. 28.

66 Vgl. Götze (1991), S. 115.

Gebilde angesehen werden, die stets potenzielle Änderungen in sich tragen.[67] Änderungen können aber auch durch abrupte Störereignisse auftreten. Im Arbeitsschritt 6 müssen sich die Unternehmensstrategen mit dieser Thematik befassen.

Schritt 6 (Störereignisanalyse): Ein Störereignis ist ein plötzlich geschehendes Ereignis, das vorher nicht unbedingt trendmäßig erkennbar war und so einschneidend wäre, dass sich Entwicklungspfade maßgeblich ändern würden.[68] Häufig genannte und denkbare Störereignisse sind Ölkrisen, Reaktorunfälle, Börseneinbrüche, Terroranschläge, aber auch positive Geschehnisse und Entwicklungen wie unvorhergesehene technische Innovationen. Neben einer Identifizierung maßgeblicher Störereignisse müssen auch ihre möglichen Auswirkungen auf das Untersuchungsfeld analysiert und adäquate präventive Maßnahmen entwickelt werden.[69]

Schritt 7 (Konsequenzanalyse): Der letzte und siebte Arbeitsschritt ist die Schnittstelle zwischen der Szenario-Technik und der strategischen Unternehmensplanung und ist deshalb im engeren Sinne nicht mehr als Teil der Szenario-Arbeit zu betrachten. Es geht hier um das Konzipieren von Maßnahmen und Plänen, um auf Basis der durch die Erstellung von Szenarien gesammelten Informationen potenziellen Chancen und Risiken möglichst frühzeitig zu begegnen.[70]

2.2.5 Vorgehensweise zum fallbezogenen Gebrauch der Szenario-Technik

Im Rahmen der vorliegenden Untersuchung wird zur Anwendung der Szenario-Technik als Werkzeug der strategischen Unternehmensplanung für das uns interessierende Untersuchungsfeld eine im Hinblick auf die spezielle Problemstellung vereinfachte und optimierte Vorgehensweise gewählt, wie in Abbildung 2 dargestellt.

---

[67] Vgl. Herzhoff (2004), S. 22.

[68] Vgl. von Reibnitz (1983), S. 75.

[69] Vgl. Meyer-Schönherr (1991), S. 55.

[70] Vgl. Meyer-Schönherr (1991), S. 56.

Abbildung 2: Vorgehensweise zur Anwendung der Szenario-Technik

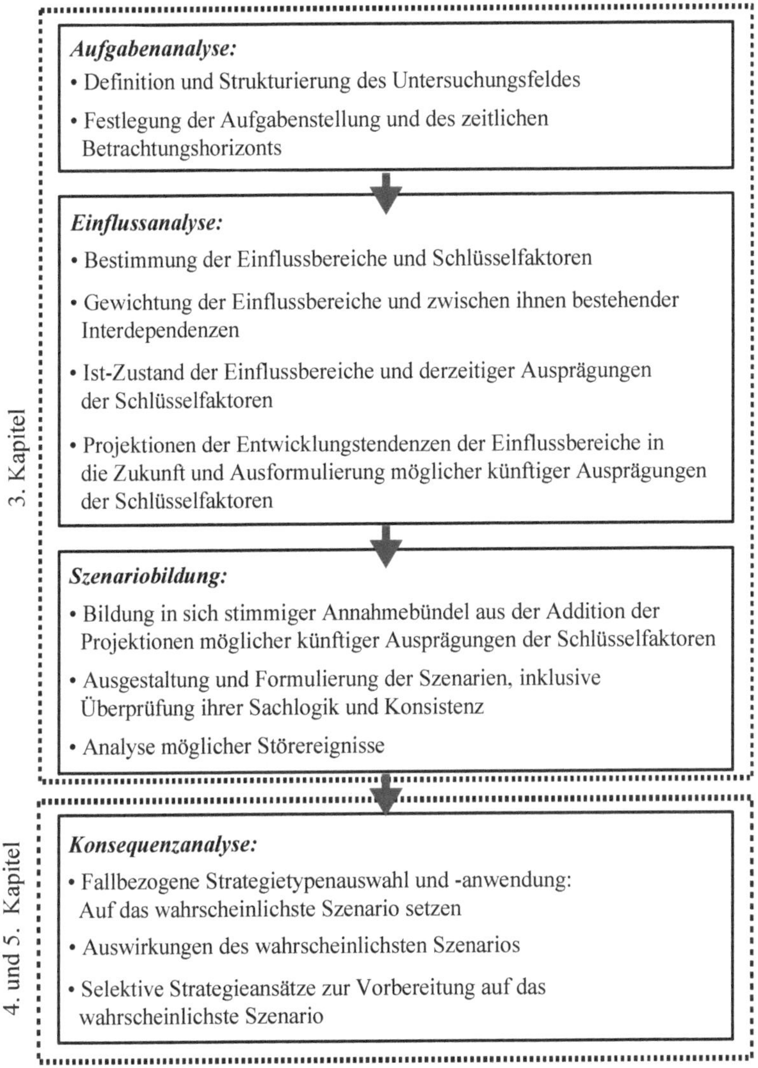

Eigene Darstellung

3 Anwendung der Szenario-Technik zur Beschreibung der Konsolidierung der chinesischen Autoindustrie bis 2015

3.1 Aufgabenanalyse

3.1.1 Hinführung: Kurze Geschichte der chinesischen Automobilindustrie

3.1.1.1 Von der Gründung der VR China bis zur wirtschaftlichen Öffnung (1949–1978)

Die Entstehung einer nationalen Automobilindustrie in China begann nach der Gründung der Volksrepublik (1949).[71] Mit Hilfe der ehemaligen Sowjetunion machte sich die kommunistische Regierung Chinas daran, eine breite Industrialisierung in die Wege zu leiten. Die Entwicklung einer eigenen Automobilindustrie stand ganz oben auf der Agenda. Von 1958 an wurden mehrere mittelgroße Autofabriken errichtet, nachdem FAW (First Automobile Works), gegründet 1953[72], im Jahr 1956 als erster einheimischer Autohersteller seine Produktion von Lastkraftwagen namens Jiefang (Befreiung, Liberalisierung) aufgenommen hatte,[73] die auf dem sowjetischen Modell ZIS 150 basierten.[74] Bis 1960 wurden landesweit 16 Automobilhersteller und insgesamt 28 Montagewerke aufgebaut.[75] Die Sowjetunion war die einzige Bezugsquelle der chinesischen Automobilindustrie für Know-how: von der Produktentwicklung und Produkttechnologie bis hin zu Management und Produktionsleitung.[76]

Die damalige Industrialisierung der Automobilbranche in China war sehr stark von militärischen Zwecken zur Selbstverteidigung geprägt, wie auch andere Industriezweige der Schwerindustrie jener Zeit. Der Schwerpunkt der Produktion wurde bewusst fast ausschließlich auf Lkw gelegt.[77] Während der Kulturrevolution (1966–1976) wirkte die chinesische Regierung aus militärischen Gründen darauf hin, buchstäblich in jeder Provinz ein Autowerk zu bauen.

---

[71] Vgl. Qiu, L. D. (2005), S. 2.

[72] Vgl. Harwit (1995), S. 17.

[73] Vgl. Lee (2001), S. 4; Harwit (1995), S. 17.

[74] Vgl. Harwit (1995), S. 17.

[75] Vgl. Gan Lin (2001), S. 3.

[76] Vgl. Qiu, L. D. (2005), S. 2.

[77] Vgl. Buddemeier (2003), S. 52.

Das Ergebnis war, dass viele kleine Betriebe ins Leben gerufen wurden, die leicht abgeänderte Fahrzeuge basierend auf denselben sowjetischen Basismodellen für lokale Märkte produzierten. Sie operierten alle konkurrenzlos auf voneinander getrennten regionalen Märkten.[78] Dieser dezentrale Charakter der chinesischen Kfz-Industrie bestimmte die weitere Entwicklung der nationalen Automobilindustrie über Jahrzehnte hinweg bis heute.

Tabelle 1: Die Anzahl chinesischer Kfz-Hersteller und ihre Produktionsvolumina 1955–1980

Jahr	Anzahl der Betriebe	Produktionsvolumina (Einheiten)
1955	1	61
1960	16	22.574
1970	45	87.166
1980	56	222.288

Darstellung in Anlehnung an Lee (2001); CATARC (2003).

3.1.1.2 Seit der wirtschaftlichen Öffnung (1978)

Bis zur Öffnung Chinas durch die Reformer um Deng Xiaoping spielte Chinas Pkw-Sparte in der nationalen Automobilindustrie nur eine untergeordnete Rolle, da der Privatbesitz von Pkw in China ideologisch verfemt und gegen die Parteilinie war. Der verarmten Bevölkerung wäre es vor 1978 aber auch gar nicht möglich gewesen, ein Privat-Fahrzeug zu kaufen. Auch in den Anfangsjahren der Öffnungspolitik freuten sich viele erst einmal über eine Armbanduhr oder eine Nähmaschine.

Als Deng seine Reformen in die Wege leitete, erkannten die Pioniere unter den internationalen Konzernen die Entwicklungspotenziale der chinesischen Automobilindustrie und die strategische Bedeutung des chinesischen Marktes als Stützpunkt für die Erschließung des gesamten ostasiatischen Raumes. So brachten Automobilher-

[78] Vgl. Lee (2001), S. 4.

steller aus aller Welt Kapital und Produktionstechnologien nach China.[79]

Im Januar 1984 gründete der ehemalige amerikanische Automobilhersteller AMC (American Motors Corporation; 1997 wurde AMC von Chrysler übernommen) das erste JV in China mit der heutigen Beijing Automotive Industry Holding Company (BAIC)[80] zur Produktion von Geländewagen der Marke Jeep: die Beijing Jeep Corporation.

Der erste deutsche Autokonzern, der sich nach China wagte, war VW. Die Wolfsburger gründeten 1985 ihr erstes JV mit der heutigen Shanghai Automotive Industry Corporation (SAIC),[81] im Jahr 1991 folgte das zweite Gemeinschaftsunternehmen mit First Automobile Works (FAW).[82] Als Nachzügler kam 2004 DaimlerChrysler nach China. Nunmehr sind es insgesamt 14 internationale Automobilhersteller, die 17 JV mit chinesischen Automobilunternehmen, die sich vor der Öffnungspolitik hauptsächlich auf die Lkw-Produktion konzentriert hatten, zur Produktion von Pkw aufgebaut haben.

Bereits bis Ende 2004 investierten ausländische Geldgeber nach Schätzungen rund 20 Mrd. US$ in den Automobilindustriestandort China. Damit ist es der chinesischen Regierung gelungen, ihre Strategie der Öffnungspolitik „Markt gegen Kapital, Markt gegen Technologie" in der Automobilindustrie sehr erfolgreich umzusetzen. Die Pkw-Produktion hat die Bedeutung der Lkw-Sparte in China längst überholt. Der Anteil der Pkw-Produktion an der gesamten Fahrzeugproduktion in China ist laut offiziellen Angaben von 2,25% im Jahr 1980 auf knapp 64% im Jahr 2007 gestiegen (vgl. die folgende Tabelle 2). Der Haupttreiber dieser turbulenten Entwicklung der Pkw-Industrie ist der Privatkonsum: Die Anzahl der Pkw-Neuzulassungen in China ist im Zeitraum von 1984 bis 2003 jährlich um 47% gewachsen (im Vergleich zu beispielsweise jährlichen 2,9% im selben Zeitraum in Japan).[83]

Um das Thema der vorliegenden Studie einzugrenzen und ins Detail zu gehen, betrachten wir aufgrund ihrer stetig wachsenden Bedeutung innerhalb der nationalen Automobilindustrie ausschließlich die chinesische Pkw-Sparte.

---

[79] Vgl. Lee (2001), S. 7.

[80] Vgl. Harwit (1995), S. 69; Beijing Jeep Corporation Website.

[81] Vgl. Shanghai Volkswagen Website.

[82] Vgl. Qiu, L. D. (2005), S. 4.

[83] Vgl. UBS Investment Research (2005), S. 3.

Tabelle 2: Die jährliche Produktion von Fahrzeugen in China, 1980–2007

Jahrgang	Gesamte Fahrzeug-produktion in 10.000 Einheiten	Pkw-Produktion* in 10.000 Einheiten	Anteil an der gesamten Fahrzeugproduktion
1980	22.2	0.5	2,25%
1985	44.3	0.5	1,13%
1990	50.9	4.2	8,25%
1995	145.3	32.5	22,4%
1998	162.9	50.8	31,2%
1999	183.4	56.6	30,9%
2000	207.7	61.2	29,5%
2001	234.0	70.4	30,1%
2002	326.3	110.3	33,8%
2003	444.4	202.0	45,5%
2004	507.1	260.39	51,35%
2005	570.7	311.84	54,64%
2006	727.97	430.23	59,1%
2007	888.24	566.25	63,75%

Eigene Darstellung; Quellen: CATARC (2003); CATARC (2004); o.V. [Lagebericht 2005]; China Economic Daily (2006); o. V. [Produktion 2007]; o. V. [Automarkt 2007]; o. V. [Darstellung 2006]; o. V. [Darstellung 2007]; o. V. [Produktion 2008]; o. V. [Acht Millionen 2008].

* Pkw = Autos aller Arten + MPV + SUV

Tabelle 3: Die in China tätigen internationalen Automobilunternehmen sowie die wichtigsten einheimischen Automobilhersteller

14 ausländische Automobilunternehmen haben bislang 17 Joint Ventures zur Pkw-Produktion in China gegründet.														
VR China*	Deutschland			FRA	ITA	USA		Japan				Südkorea		Taiwan
	VW	**DC**	**BMW**	**PSA**	**FIAT**	**GM**	**FORD**	**TOYOTA**	**HONDA**	**NISSAN**	**SUZUKI**	**HYUNDAI**	**KIA**	**Yulon***
SAIC	1985					1997								
FAW	1991							2003						
DMC				1992					2003	2003			2002	
GAIC								2004**	1998					
BAIC		2004										2002		
CHANG'AN							2001				1993			
NAIC					1999									
BRILLIANCE			2003											1995
SEM														
CHERY														
GEELY														

Eigene Darstellung.

*Außer Geely sind alle aufgelisteten chinesischen Unternehmen staatlich. Yulon gehört zur taiwanesischen China Motor Corporation (CMC).

** Erst ab 2006 sollte die Produktion von GAIC/Toyota beginnen und ab dann sollten jährlich 100.000 Pkw vom Band laufen.

3.1.2 Herleitung der Notwendigkeit einer Konsolidierung der Automobilbranche in China

3.1.2.1 Geringe Realisierung von Skaleneffekten aufgrund der dezentralen Herstellerstruktur

Wie erwähnt, ist die chinesische Automobilindustrie aus historischen Gründen durch eine Dezentralisierung gekennzeichnet. Beinahe jede Provinz hat einen eigenen, lokalen Automobilzweig aufgebaut. Aber die regional verwurzelten Unternehmen produzierten weder mit angemessener Kapazitätsauslastung noch verfügten sie über ausreichende Technologien. Ihre Produktion diente lange Zeit ausschließlich dem Bedarf der jeweiligen Region. Im Jahr 1980 existierten landesweit 56 Automobilhersteller mit einer Gesamtproduktion von 222.288 Einheiten.[84] Das entsprach im Durchschnitt gerade einmal 3.970 Einheiten pro Hersteller.

Unter diesen Bedingungen konnten die Automobilunternehmen nur durch staatliche Subventionen sowie durch die Unterstützung der Regionalregierungen überleben. Seit der Öffnungspolitik (1978) sind zahlreiche ausländische Investoren in die chinesische Automobilindustrie eingestiegen. Die ehemaligen einheimischen Kfz-Produzenten wurden „über Nacht" zu JV-Partnern an der Seite von internationalen Automobilkonzernen zur Produktion von Pkw. An dem dezentralen Charakter der chinesischen Automobilindustrie hat sich seither aber wenig geändert. Er spiegelt sich in einer landesweit florierenden „Joint-Venture-Landschaft" wider.[85] Nirgendwo sonst auf der Welt existieren heute in einem Land so viele Standorte zur Pkw-Produktion wie in China.

Jedoch, obwohl der Absatz von Personenfahrzeugen mit einem atemberaubenden Wachstum immer weiter zunimmt, sind Skaleneffekte durch große Produktionsvolumen in China äußerst schwer zu realisieren. 2006 wurden zwar laut offiziellen Angaben 4.268.100 Einheiten Pkw in China verkauft,[86] 36% mehr als im Vorjahr (3.139.600 Einheiten),[87] doch gleichzeitig ließen allein die 33 unabhängigen Pkw-Hersteller[88] insgesamt 51 neue Wagenmodelle vom Band.[89] Umgerechnet alle sechs Tage erschien also ein neues Pkw-

84 Vgl. CATARC (2003).

85 Vgl. o. V. [Pkw-Industrie 2005].

86 Vgl. o. V. [Automarkt 2007]; CAAM [Analyse 2007]; o. V. [Darstellung 2007].

87 Vgl. o. V. [Darstellung 2006].

88 Vgl. o. V. [Statistik-Ministerium 2005].

89 Vgl. R. L. Polk & Co. (2007).

Modell auf dem chinesischen Markt. Die Automobilbranche in China verzeichnete damit im weltweiten Vergleich eines der niedrigsten durchschnittlichen Produktionsvolumen: Umgerechnet betrug im Jahr 2006 bei einer Gesamtproduktion von 4.302.300 Einheiten die Produktionsmenge pro Wagenmodell (insgesamt 230) lediglich 18.706 Einheiten.[90] Wegen ihrer extrem geringen Produktionsvolumen haben die Automobilhersteller in China sehr darum zu kämpfen, Effizienz zu realisieren, um auf dem Markt überleben zu können.

Im Vergleich zur Automobilbranche reiferer Volkswirtschaften wie in den USA oder in Deutschland ermangelt es jener in China aufgrund der zahlreichen unabhängigen Hersteller, die verteilt auf 21 Regionen im Land produzieren,[91] an einer konsolidierten Struktur. Eine Konsolidierung braucht freilich Zeit. Die Automobilindustrien westlicher Nationen, Japans und Südkoreas haben erst durch unzählige Fusionen und Übernahmen eine Konzentrierung erfahren. Im Jahr 1900 gab es allein in den USA 75 verschiedene Automobilhersteller, 1970 waren es weltweit weniger als halb so viele (36). Heute dominieren rund 15 unabhängige Automobilkonzerne das Weltgeschehen. Diese Entwicklungshistorie der anderen gewachsenen Automobilindustrien deutet daraufhin, dass eine Bereinigung der Struktur der chinesischen Automobilindustrie früher oder später wohl unausweichlich ist.

3.1.2.2 Gefahr von Überkapazitäten aufgrund überschätzter Marktentwicklungen

Nach 15 Jahren Bemühungen ist China am 11. Dezember 2001 Mitglied der Welthandelsorganisation (WTO)[92] geworden. Laut WTO-Vereinbarungen verpflichtete sich China, in der Übergangszeit von 2002 bis 2005 sukzessive die Zölle für Importautos sowie das Quotensystem[93] und Einfuhrlizenzen für Automobillieferteile

---

90 Vgl. R. L. Polk & Co. (2007).

91 Vgl. o. V. [Statistik-Ministerium 2005].

92 Vgl. Qiu/Turner/Smyrk (2004), S. 2.

93 Ein „Quotensystem“ beim Import von Automobilprodukten bedeutet, dass ein Land die Summe der importierten Automobilprodukte für einen bestimmten Zeitraum festlegt. Alle Importeure müssen für ihre Einfuhr eine „Quote“ mit zugelassenen Werten beantragen. Wenn die vorgeschriebene Grenze erreicht ist, dürfen keine Automobilprodukte mehr importiert werden. Mit dem WTO-Beitritt verpflichtete sich China, die Gesamtquote auf der Basis der Regelungen des Jahres 2000 in Höhe von 6 Mrd. US$

abzuschaffen.[94] In den Jahren vor dem Beitritt waren die Zollsätze für importierte Pkw von 80 bis 100% die höchsten im Bereich der Industriegüter weltweit. Nach dem Beitritt zur WTO wurden die Importzölle für Pkw schrittweise bis ins Jahr 2006 hinein auf 25% reduziert[95] (vgl. Tabelle 4). Über Nacht waren die Importautos dadurch um fast die Hälfte billiger geworden.

Tabelle 4: Chinesische Importzölle für Pkw

Fahrzeug-typen	**Vor dem Beitritt zur WTO**	**Dez. 2001, seit dem Beitritt zur WTO**	**2002**	**2003**	**2004**	**2005**	**2006**	**Seit Juli 2006**
Typ I*	100%	61,7%	50,7%	43%	37,6%	30%	28%	25%
Typ II*	80%	51,9%	43,8%	38,2%	34,2%	30%	28%	25%

Darstellung in Anlehnung an AiF (2004); UBS Investment Research (2005).
*Typ I: Dieselfahrzeuge mit mehr als 2500 ccm Hubraum; Benzinfahrzeuge mit mehr als 3000 ccm Hubraum.
**Typ II: Dieselfahrzeuge mit weniger als 2500 ccm Hubraum; Benzinfahrzeuge mit weniger als 3000 ccm Hubraum.

Um im Inland produzierte Autos wettbewerbsfähig gegenüber Importautos zu machen, senkten viele Automobilhersteller die Preise.[96] Es kam zu einer Welle von Autokäufen durch Privatkunden. Besonders in den Jahren 2002 und 2003 war der chinesische Automarkt der florierendste der Welt. Der Autoabsatz in diesen zwei Jahren wuchs um 56% bzw. knapp 77% im Vergleich zum Vorjahr.

Das Jahr 2002 kennzeichnete einen Wendepunkt für die chinesische Pkw-Industrie. Nie zuvor wurden so viele Autos in China abgesetzt. Diese Entwicklung wurde in der internationalen Konzernbranche geradezu mythologisiert. Alle Automobilhersteller konnten während der Jahre 2002/2003 ihre Umsätze in China steigern.

jährlich schrittweise um 15% zu erhöhen. Ab 2005 sollte das Quotensystem offiziell komplett abgeschafft werden.

94 Vgl. Zhang Yi (2004).

95 Vgl. AiF (2004), S. 6.

96 Vgl. Handelsblatt [VW China 2005].

Tabelle 5: Autoabsatz in China im Vergleich zum Vorjahr, 2000–2007

Jahr	Verkaufszahl	Veränderung zum Vorjahr in %
2000	614.400	+7,6%
2001	721.500	+17,4%
2002	1.126.000	+56,0%
2003	1.990.000	+76,7%
2004	2.326.500	+16,9%
2005	2.787.400	+19,8%
2006	3.828.900	+37,4%
2007	4.726.600	+23,45%

Eigene Darstellung; Quellen: CATARC (2004); SIC (2002), S. 6; o. V. [Produktion 2004]; o. V. [Lagebericht 2005]; Die Welt [Sparkurs 2005]; Fourin China Auto Weekly, 2. November 2005; China Economic Daily (2006); o. V. [Automarkt 2007]; o. V. [Produktion 2008]; o. V. [Acht Millionen 2008].

Der deutsche Autobauer Volkswagen beispielsweise hat 2003 beinahe 700.000 Einheiten Autos in China abgesetzt und damit 100.000[97] mehr als in der Heimat.[98] Der koreanische Automobilhersteller Hyundai gründete erst im Oktober 2002 ein Joint Venture in Beijing, nahm noch im selben Jahr die Produktion des Wagenmodells Sonata (Produktionskapazität in 2003: 50.000 Einheiten;[99] Absatz in 2003: 52.200 Einheiten[100]) auf und konnte bis Ende 2003 umgerechnet 40.300 RMB (4.855 US$) Gewinn pro verkauftem Pkw erzielen.[101] Der amerikanische Autogigant General Motors verdiente im „Boom-Jahr" 2003 durchschnittlich 39.700 RMB (4.783 US$) pro Auto in China (Produktionskapazität in 2003: 265.000 Einheiten;[102]

[97] Der Absatz von Volkswagen im Jahr 2003 in Deutschland betrug laut Angaben des VDA 600.360 Einheiten. Vgl. VDA [1].

[98] Vgl. Jia Ke [VW 2004].

[99] Vgl. Fourin China Auto Weekly, 3. Oktober 2005.

[100] Vgl. ZYPH (2004), S. 41.

[101] Vgl. o. V. [Automobilunternehmen 2004]; ZYPH (2004), S. 41.

[102] Vgl. Fourin China Auto Weekly, 3. Oktober 2005.

Absatz in 2003: 201.000 Einheiten[103]), im Vergleich zu 145 US$ pro Auto in den USA im selben Zeitraum.[104]

Es gab gute Gründe anzunehmen, dass der chinesische Automobilmarkt gerade erst angefangen habe, sich zu entwickeln, und möglicherweise diese Entwicklung in rasantem Tempo weitergehen würde. Im globalen Vergleich erwiesen sich dann die Zuwachsraten des Autoabsatzes in China in den Jahren 2004, 2005 und 2006 zwar weiter enorm (vgl. obige Tabelle 5), aber nicht so kontinuierlich bahnbrechend wie erwartet und wie in den beiden Boom-Jahren zuvor.

Gesteuert durch einen enormen Optimismus und unrealistische Kalkulationen haben viele internationale Automobilhersteller im Zeitraum 2002/2003 die Überproduktionsspirale in China nicht als solche erkannt.[105] Fast alle internationalen Autobauer haben es vorgezogen, ihre Produktionskapazitäten weiter auszubauen. General Motors zum Beispiel kündigte 2004 an, noch drei Milliarden US$ in China zu investieren, um seine jetzige jährliche Produktionskapazität von 530.000 Einheiten sukzessive auf 1,3 Millionen Einheiten im Jahr 2007 zu erhöhen.[106] VW möchte seine Kapazitäten bis 2008 sogar auf 1,6 Millionen Einheiten hochfahren[107] (vgl. folgende Tabelle 6).

Die Ambitionen der internationalen Automobilhersteller haben sich in den Folgejahren als unrealistisch erwiesen. Es begann nun endgültig die Zeit der erbitterten „Preisschlachten" auf dem chinesischen Automarkt. Im Jahr 2004 fielen die Pkw-Preise um durchschnittlich 15%[108] und in den folgenden zwei Jahren weiter um fast 10% (2005)[109] bzw. 5,6% (2006).[110] 2007 wurden die Pkw-Preise erneut branchenweit um 4,5% heruntergesetzt.[111]

General Motors ging besonders aggressiv vor und senkte die Preise 2004 für manche Modelle um bis zu 20%.[112] Andere Automobil-

---

103 Vgl. ZYPH (2004), S. 41.

104 Vgl. o. V. [Industry 2004]; ZYPH (2004), S. 41.

105 Vgl. Handelsblatt [Wolken 2005].

106 Vgl. KPMG [Components 2004], S. 21; Die Welt [Land 2004].

107 Vgl. Die Welt [Land 2004].

108 Vgl. Automobilwoche [Träume 2005].

109 Vgl. o. V. [Fragen 2007].

110 Vgl. o. V. [Senkung 2007].

111 Vgl. o. V. [Automobilunternehmen 2008].

112 Vgl. Handelsblatt [Wolken 2005].

hersteller wie PSA und VW drückten ihre Autopreise in China 2004 um 10% bzw. 11% nach unten.[113] BMW wiederum hat im Januar 2005 die Preise von fünf in China produzierten Wagenmodellen (381i, 325i, 520i, 525i, 530i) um 50.000 bis 100.000 RMB (ca. 6.000 bis 12.000 US$) drastisch heruntergefahren.[114]

Tabelle 6: Pläne der Autokonzerne zum Kapazitätsausbau in China

Ausländische JV-Partner	**Produktions-kapazität im Jahr 2006**	**Pläne zum Kapazitätsausbau (angekündigt im Jahr 2004)**
Volkswagen	900.000	1.600.000 (bis 2008)
Toyota	550.000	1.000.000 (bis 2010)
General Motors	480.000	1.300.000 (bis 2007)
Honda	360.000	480.000 (bis 2006)
Nissan	350.000	450.000 (bis 2006)
Hyundai	300.000	740.000 (bis 2010)
Ford	200.000	360.000 (bis 2007)
Suzuki	200.000	400.000 (bis 2008)
PSA (Peugeot/Citroën)	150.000	300.000 (bis 2006)
Kia (Hyundai)	130.000	300.000 (bis 2007)
DaimlerChrysler	100.000	240.000 (bis 2008)
Fiat	60.000	200.000 (bis 2006)
BMW	30.000	----
Gesamtkapazität 2006: 3.732.000 Einheiten		

Eigene Darstellung, Quellen: Fourin China Auto Weekly, 3. Oktober 2005; KPMG [Components 2004]; XiuCai, Nr. 55/15, März 2005; Wieder (2004); o. V. [Temperament 2005]; o. V. [Überkapazität 2007]; o. V. [Hyundai 2006].

Inzwischen hat die Preissenkungswelle alle in China tätigen internationalen Automobilhersteller erfasst. So hat z. B. Mazda im Jahr 2006 den Preis für sein Modell „Mazda 6" um 62.000 RMB (ca.

113 Vgl. Die Welt [Volkswagen 2004].

114 Vgl. o. V. [BMW 2005].

7.500 US$) gesenkt - gefolgt von Hyundai und Honda, welche die Preise für ihre Modelle „Sonata" um 19.000 RMB (ca. 2.300 US$) beziehungsweise „Accord" um 30.000 RMB (ca. 3.650 US$) herabfuhren.[115] Ein Ende der Preisschlacht ist nicht in Sicht: 2007 hat GM den Preis für sein Modell „Excelle" um 20,4% gesenkt. GM setzte sich damit an die Spitze der „Preissenker", dicht gefolgt von Fiat (Modell Palio um 19,3%) und Kia (Modell Cerato um 18,3%). Im Jahr 2007 waren es insgesamt 25 Wagenmodelle auf dem chinesischen Markt, deren Preis um mehr als 10% herabgesetzt wurde.[116]

Parallel dazu haben sich die meisten internationalen Automobilhersteller von ihren ambitionierten Plänen zum Kapazitätsbau verabschiedet. VW etwa hat im Herbst 2005 eingestanden, seinen Plan zur Kapazitätsaufstockung der Produktion bis 2008 um bis zu 80% vorerst auf Eis zu legen.[117] Nicht von ungefähr: Die kontinuierlichen „Preisschlachten" schmälern die Gewinne der Automobilunternehmen. Volkswagen meldete in den ersten neun Monaten 2004 zum ersten Mal einen Verlust von 67 Millionen Euro für sein Chinageschäft.[118] Andere internationale Automobilkonzerne wie BMW, PSA und KIA erlitten 2004 ebenfalls Verluste in China.[119] Auch die Gewinnspanne einheimischer Automobilhersteller ist stark zurückgegangen. FAW, das größte staatliche Automobilunternehmen, erlitt im ersten Quartal 2005 Verluste in Höhe von 540 Mio. RMB (69 Mio. US$).[120]

Die ausländischen Automobilhersteller stehen zusammen mit ihren chinesischen Partnern vor einer großen Herausforderung, sich im Zuge immer heftigerer Preisschlachten zu behaupten.

3.1.2.3 Veränderte Marktsituation: Die Zeit der tief hängenden Früchte ist vorbei

Im Frühjahr 2004 begann die chinesische Regierung, Maßnahmen zu ergreifen, um die überhitzte Wirtschaft einzudämmen.[121] „Kühlungsmaßnahmen" wie die Einschränkung der Vergabe von Auto-

---

[115] Vgl. o. V. [Preissenkung 2004].

[116] Vgl. o. V. [Preissenkung 2007].

[117] Vgl. MOFCOM (2006).

[118] Vgl. Die Welt [Sparkurs 2005].

[119] Vgl. BBC News [Shanghai 2005].

[120] Vgl. The Economic Observer (2005).

[121] Vgl. o. V. [Aufwertung 2005].

krediten durch die People's Bank of China seit April 2004[122] zeigten ihre Wirkung auf die weitere Marktentwicklung der chinesischen Automobilindustrie. Einerseits wurden potenzielle Kunden aus der stetig wachsenden Mittelschicht durch die staatlich verordnete Einschränkung der Bankkredite für private Autokäufe gehemmt, andererseits ist Chinas Automarkt noch in der Entwicklung begriffen. Kundenbindung und Markentreue sind noch nicht prägnant ausgeprägt. Die Auswahl und die Kaufentscheidung stehen häufig noch am Ende einer schlichtweg permanenten Suche nach den billigsten und günstigsten Angeboten.

Laut einer Studie von Ernst & Young lag die durchschnittliche Kapazitätsauslastung in der Pkw-Industrie in China im Jahr 2003 bei allen JV bei lediglich 65%, bei der Produktion von reinen chinesischen lokalen Herstellern bei nur 40% - also weit entfernt von dem weltweit gängigen Niveau von 85%, um eine profitable Produktion zu gewährleisten.[123] In den Jahren 2004 und 2005 wurde die Lage nicht besser: Die durchschnittliche Kapazitätsauslastung der gesamten Pkw-Branche in China betrug 47,7%[124] bzw. 55%.[125] Prognosen zufolge sollte die Kapazitätsauslastung aufgrund eines rasanten Wachstums von 38% des Pkw-Markts im Jahr 2006 zwar auf 75% steigen,[126] dennoch kann man noch nicht von einer ökonomischen Effizienz der Pkw-Produktion sprechen.

Die durchschnittliche Produktivität der 17 JV in China entspricht nur 21% jener der Automobilindustrie in den USA.[127] Die für chinesische Marktverhältnisse vergleichsweise hohen globalen Materialkosten sind noch eine zusätzlich schwer zu nehmende Hürde für die einheimische Pkw-Industrie.

Bislang erzielen die Pkw-Hersteller ihren Profit in China mittels des im internationalen Vergleich höheren Autopreises. Trotz all der Preissenkungen ist der durchschnittliche Autopreis für chinesische Verhältnisse immer noch höher als im internationalen Vergleich: Eine amerikanische Familie braucht durchschnittlich das Nettoeinkommen von 20,6 Wochen, um ein Auto mit einem durchschnittlichen Preis von 27.000 US$ erstehen zu können; eine Familie in Beijing hingegen braucht das Nettoeinkommen von 134 Wochen,

---

122 Vgl. KPMG [Components 2004], S. 9.

123 Vgl. Ernst & Young (2005), S. 5.

124 Vgl. Fourin China Auto Weekly, 3. Oktober 2005.

125 Vgl. o. V. [Fünfjahresplan 2005].

126 Vgl. o. V. [Regelungsflut 2007]

127 Vgl. China Money (2005).

um sich ein Auto mit einem durchschnittlichen Preis von 100.000 RMB (12.000 US$) leisten zu können.[128] Das durchschnittliche Pro-Kopf-Einkommen in China liegt gerade einmal bei 1.709 US$, im Vergleich zu 33.854 US$ in Deutschland und 42.000 US$ in den USA (Stand: 2005).[129]

Zudem erreichen Autos als Luxusgüter in China nur einen kleinen Teil der Bevölkerung - selbst in den Küstenregionen, die im Gegensatz zum zentral- und westchinesischen Hinterland eine rasante Wohlstandsentwicklung vorzuweisen haben. Vor diesem Hintergrund betrachtet werden Autos auch in den nächsten Jahren für die meisten des chinesischen Milliardenvolkes unerschwinglich bleiben.

Die Strategie, mit unzureichenden Skaleneffekten - resultierend aus geringer Kapazitätsauslastung, niedriger Produktivität und hohen Materialkosten - lediglich mittels vergleichsweise hoher Preise[130] Gewinne zu erzielen, scheint für alle Automobilhersteller auf dem chinesischen Markt immer unpraktikabler. China ist längst nicht mehr nur ein Dorado für Automobilunternehmen, sondern auch zu einem der am härtesten umkämpften Märkte geworden. Die Goldgräberstimmung ist einem ernüchterten Gemüt gewichen.

Deshalb lässt sich mit hoher Wahrscheinlichkeit annehmen, dass nur diejenigen Automobilhersteller auf dem chinesischen Markt überleben können, die mit einem angemessenen Preis-Leistungs-Verhältnis die Kundenanforderungen am besten erfüllen und eine möglichst große Kapazitätsauslastung erreichen bzw. den Ausbau ihrer Produktionskapazitäten von Realismus getragen und möglichst optimal der Marktentwicklung angepasst gestalten.

---

[128] Vgl. o. V. [Preissenkungen 2004].

[129] Vgl. Statistisches Bundesamt Deutschland [Deutschland], S. 6; IMF (2006).

[130] In Europa oder zum Beispiel den USA erschwingliche Autopreise sind in China aufgrund des allgemein niedrigen Wohlstandniveaus unerschwinglich.

3.1.2.4 Die Lenkungsmanöver der Regierung zur Restrukturierung der nationalen Automobilindustrie

Chinas Ökonomie wird zwar von marktwirtschaftlichen Kräften vorangetrieben, ist aber nach wie vor eine sozialistische Planwirtschaft. Die Industrie erlebt starke Interventionen seitens der chinesischen Regierung. Dabei misst die Regierung der Kontrolle der Automobilindustrie ganz besondere Bedeutung zu.

Schon im Jahr 1994 erließ sie „Richtlinien zur Entwicklung der nationalen Automobilindustrie“.[131] Derart konkrete Richtlinien wurden bisher noch nie für einen anderen Industriezweig in China erlassen. In diesen Richtlinien wird von der nationalen Automobilindustrie als „Schlüsselindustrie“ für Chinas wirtschaftlichen Aufstieg gesprochen.[132] Seither ist jeder Entwicklungsschritt der Automobilindustrie stark von den Lenkungs- und Steuerungsmaßnahmen der Regierung abhängig. Diese greift aktiv kontrollierend und ganz im Sinne des Aufbaus einer eigenständigen chinesischen Automobilindustrie ein.

Im Juni 2004 hat die chinesische Regierung gemäß des Anpassungsbedarfs mit dem WTO-Beitritt (Dezember 2001) und Forderungen nach mehr Öffnung und Transparenz zum globalen Wirtschaftsumfeld die „Richtlinien zur Entwicklung der nationalen Automobilindustrie“ entsprechend aktualisiert.[133] In Textpassagen der neuen Richtlinien deutet die Regierung ganz klar auf eine Reorganisierung und Umstrukturierung der chinesischen Automobilindustrie hin. Die Regierung setzt demnach alles daran, eine Konsolidierung aktiv voranzutreiben. Auf eine Umstrukturierung der Automobilindustrie abzielende Paragrafen der neuen Richtlinien werden in folgender Darstellung (Abbildung 3) aufgelistet und jeweils interpretiert.[134]

---

131 Vgl. National Development and Reform Commission (1994); Lee (2003), S. 283f.

132 Vgl. National Development and Reform Commission (1994); Nee (2002), S. 4.

133 Vgl. National Development and Reform Commission (2004).

134 Vgl. National Development and Reform Commission (2004).

Abbildung 3: Kernpunkte der Automobilrichtlinien vom Juni 2004

Relevante Paragrafen zu einer möglichen Konsolidierung und deren Deutung
§ 1.4. 推动汽车产业结构调整和重组，扩大企业规模效益，提高产业集中度，[...] 鼓励汽车生产企业按照市场规律组成企业联盟， [...] Die Regierung fördert die **Konsolidierung und Restrukturierung** der Automobilindustrie und unterstützt die Unternehmen bei der Erhöhung ihrer Effizienz. ➔*Eine Konsolidierung in der Automobilindustrie liegt im Interesse der Regierung.*
§ 4.13. 国家鼓励汽车企业集团化发展， [...] 战略重组的目标是支持汽车生产企业以资产重组方式发展大型汽车企业集团，[...] Die Regierung fördert die **Bildung von Unternehmensgruppen** durch **strategische Umstrukturierungen unter allen Automobilherstellern.** ➔ *Die Regierung treibt eine Konsolidierung der Autoindustrie aktiv voran.*
§ 4.16. 国家鼓励汽车、摩托车生产企业开展国际合作，发挥比较优势，参与国际产业分工；支持大型汽车企业集团与国外汽车集团联合兼并重组国内外汽车生产企业，[...] Die Regierung unterstützt die einheimischen Automobilunternehmen, durch Bildung von Allianzen mit internationalen Autokonzernen gemeinsam **andere Automobilhersteller im In- und Ausland zu übernehmen oder mit ihnen zu fusionieren.** ➔ *Ausländische JV-Partner sollten aktiv an der Konsolidierung der chinesischen Automobilindustrie mitwirken.*
§ 4. 17. 建立汽车整车和摩托车生产企业退出机制， [...] Förderung und **Durchführung von Insolvenzverfahren**: Wettbewerbsunfähige Automobilunternehmen sollten den Markt verlassen. ➔ *Die Anzahl der Automobilhersteller wird sich stark reduzieren.*

Eigene Darstellung;
Quelle: National Development and Reform Commission (2004).

Ende 2006 hat die chinesische „National Development and Reform Commission" erneut eine „Bekanntmachung von Vorschlägen zur Strukturierung der Automobilindustrie"[135] veröffentlicht. Darin wiederholte die Regierung die Kernpunkte der Richtlinien von 2004 und bekräftigte ihr Vorhaben zur Beschleunigung der Restrukturierung sowie der Bekämpfung der mangelnden Kapazitätsauslastung. Der Kern der Bekanntmachung wurde in sechs Hauptpunkte untergliedert:

1. Strenge Kontrolle neuer Investitionsprojekte zur Pkw-Produktion, Aufstockung der Eintrittshürde durch Erhöhung der Mindestinvestitionssumme.
2. Unterstützung und Förderung von Forschung und Entwicklung zwecks Herstellung umweltfreundlicher und eigenständiger Fahrzeuge chinesischer Marken.
3. Förderung von Fusionen und Bildungen von Unternehmensgruppen der einheimischen Automobilhersteller.
4. Unterstützung der weiteren Entwicklung der Zulieferindustrie.
5. Aufbau eines Informationssystems zur Lenkung produktrelevanter Ressourcen sowie Unterstützung der Expansionsaktivitäten der einheimischen Automobilunternehmen.
6. Implementierung eines Bewertungssystems zur regelmäßigen Kontrolle der F&E-Aktivitäten für eigenständige Fahrzeugprodukte chinesischer Marken.

---

135 Vgl. National Development and Reform Commission (2006); o. V. [Überkapazität 2007].

3.1.3 Festlegung der Aufgabenstellung und des zeitlichen Betrachtungshorizonts

In den vorangegangenen Kapiteln wurde dargelegt, dass eine Konsolidierung der chinesischen Automobilindustrie nicht nur aufgrund branchenspezifischer Entwicklungen sehr wahrscheinlich ist, sondern auch aktiv von Staats wegen vorangetrieben wird. Gegenstand der folgenden Szenario-Arbeit ist es, die möglichen Zukunftsbilder einer solchen Konsolidierung zu erforschen. Anhand zu identifizierender Einflussbereiche und Schlüsselfaktoren, die für eine Konsolidierung maßgeblich sind, werden verschiedene Szenarien des Zustands der Branche nach einer Konsolidierung erarbeitet. Als Betrachtungshorizont wird das Jahr 2015 gewählt.

3.2 Einflussanalyse

3.2.1 Bestimmung der für eine Konsolidierung maßgeblichen Einflussbereiche und Schlüsselfaktoren

Um die Konsolidierung innerhalb der chinesischen Automobilindustrie zu analysieren, werden neben der *Leistungsfähigkeit der einheimischen Automobilhersteller* auch die relevanten Branchensektoren in der vor- und nachgelagerten Wertschöpfungskette, die *Leistungsfähigkeit der einheimischen Automobilzulieferer* sowie die *Distribution im Automobilhandel,* als maßgebliche Einflussbereiche betrachtet. Die Anziehungskraft des chinesischen Marktes auf westliche Unternehmen liegt vor allem in der verheißenden Größe der Konsumentenmassen des Landes begründet, deshalb spielen die *Kundenpotenziale* eine wichtige Rolle im Zuge der weiteren Entwicklung und des Strukturwandels der chinesischen Automobilindustrie. Chinas Staatssystem zeigt nach wie vor starke planwirtschaftliche Regierungstendenzen. Im Land ansässige Industrien, besonders die Automobilindustrie, sind staatlichen Interventionen unterworfen. *Politik und Gesetzgebung der Regierung zur Steuerung und Kontrolle der Automobilindustrie* bilden deshalb einen weiteren Einflussbereich. Innerhalb der Einflussbereiche lassen sich jeweils mehrere Schlüsselfaktoren identifizieren, wie in Abbildung 4 veranschaulicht wird.

Abbildung 4: Die für eine Konsolidierung der chinesischen Automobilindustrie maßgeblichen Einflussbereiche samt Schlüsselfaktoren

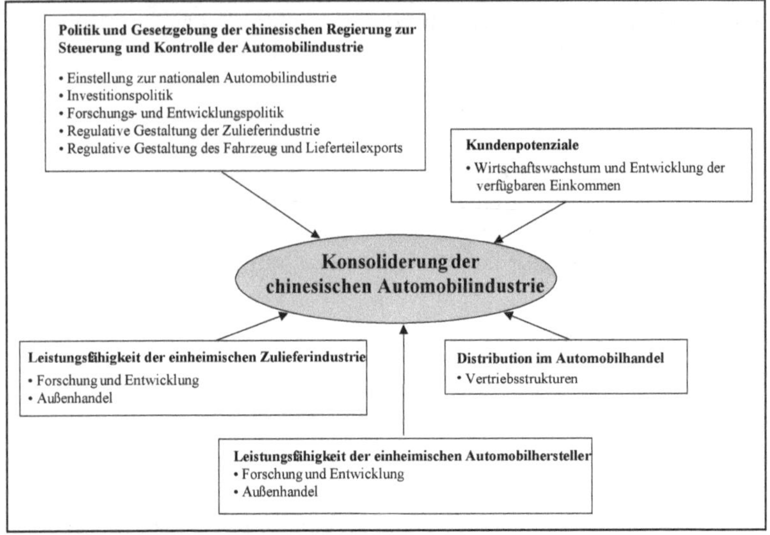

Eigene Darstellung

3.2.2 Gewichtung der Einflussbereiche und zwischen ihnen bestehender Interdependenzen

Eine mögliche Konsolidierung der chinesischen Automobilindustrie wird sich durch ein Zusammenspiel von allen fünf Einflussbereichen ergeben, jedoch ihre Einflussstärken auf einen möglichen Ausgang der Konsolidierung unterscheiden sich. Zentrale Bedeutung kommt dem Einflussbereich *Politik und Gesetzgebung der chinesischen Regierung zur Steuerung und Kontrolle der Automobilindustrie* zu, weil in China die Regierung bei der Entwicklung aller relevanten Industriesparten grundsätzlich die grobe Richtung vorgibt oder dies zumindest durch Interventionen versucht.

Starke Interdependenzen bestehen zwischen den Einflussbereichen *Leistungsfähigkeit der einheimischen Automobilzulieferer* und *Leistungsfähigkeit der einheimischen Automobilhersteller*. Sie beeinflussen sich gegenseitig in ihrer Entwicklung. Interdependenzen lassen sich auch zwischen den Einflussbereichen *Leistungsfähigkeit der einheimischen Automobilhersteller* und *Distribution im Automobilhandel* vermuten.

Eine Zusammensetzung der Einflussbereiche *Leistungsfähigkeit der einheimischen Automobilzulieferer*, *Leistungsfähigkeit der einheimischen Automobilhersteller* und *Distribution im Automobilhandel* wird wiederum von den Entwicklungstendenzen der *Kundenpotenziale* positiv unterstützt oder negativ beeinflusst, und die Entwicklungstendenzen der *Kundenpotenziale* sind ein Resultat einer harmonisch oder disharmonisch verlaufenden Entwicklung der chinesischen Volkswirtschaft und der Automobilindustrie als Ganzes.

3.2.3 Ist-Zustand und mögliche künftige Ausprägungen der Einflussbereiche und Schlüsselfaktoren

3.2.3.1 Politik und Gesetzgebung der chinesischen Regierung zur Steuerung und Kontrolle der Automobilbranche

Beginnend mit der Öffnungspolitik hat sich Chinas Wirtschaftssystem zwar nach und nach von einer „zentralisierten Planwirtschaft" zu einer „Planwirtschaft mit marktwirtschaftlichen Elementen" gewandelt, dennoch spielt die Politik zur Steuerung der industriellen Entwicklung weiterhin eine übergeordnete Rolle. Das Gedeihen der Automobilindustrie sowie anderer relevanter Industriezweige hängt maßgeblich von den Lenkungsmanövern der Regierung ab. Vor diesem Hintergrund werden die Politik und Gesetzgebung der Regierung auch als der wichtigste Einflussbereich identifiziert.

Im Juli 1994 hat die Nationale Entwicklungs- und Reformkommission ihre umfangreichen „Richtlinien zur Entwicklung der nationalen Automobilindustrie" erlassen und diese 2004 novelliert. Die wichtigsten Kernpunkte dieser Richtlinien lassen sich als Schlüsselfaktoren des Einflussbereiches gesondert darstellen.

3.2.3.1.1 Die Einstellung der Regierung zur nationalen Automobilindustrie

Die chinesische Regierung betrachtet die nationale Automobilindustrie als eine der wichtigsten „Schlüsselindustrien" des Landes. Schon im Jahr 1987 hat sie insgesamt acht einheimische Automobilunternehmen, die „Drei Großen, Drei Kleinen und Zwei Minis (三大, 三小, 两微)"[136], als „Schlüsselunternehmen" zur Beschleuni-

[136] Die „Drei Großen" sind First Automobile Works (FAW), Dongfeng Motor Corporation (DMC), Shanghai Automotive Industry Corporation (SAIC); die „Drei Kleinen": Beijing Automotive Industry Holding Company (BAIC), Guangzhou Automotive Industry Corporation (GAIC) und die ehemalige Tianjin Automotive Corporation, die 2001 von FAW übernommen wurde;

gung der Entwicklung der Automobilindustrie auserkoren. Diesen acht Unternehmen wurden von der Regierung hinsichtlich Technologie-Erschließung und Modellpolitik unterschiedliche Ziele und Aufgaben zugeteilt,[137] um die Vorteile durch Kooperationen mit ausländischen Automobilunternehmen gezielt und optimal zu nutzen.

Abbildung 5: Die acht Schlüsselunternehmen
(„Drei Große, Drei Kleine und Zwei Minis")

	Hersteller	**Produkte**
Drei Große	Shanghai Volkswagen	Santana
	FAW Volkswagen	Jetta
	Dongfeng Citröen	Citröen ZX
Drei Kleine	Beijing Jeep	Cherokee
	Guangzhou Peugeot	Peugeot 505
	Tianjin Auto Corporation	Charade-Lizenz
Zwei Minis	Chang'an Suzuki	Alto
	Guizhou Aviation	Rex-Lizenz

Darstellung in Anlehnung an Lee (2001), S. 7.

Im Rahmen der Richtlinien von 1994 befürwortete die Regierung eine weitere Konzentration der Branche und sprach von einer Struktur der „3 plus 6": Die Regierung versprach, zwei bis drei nationale Hersteller zu unterstützen, damit sie schnell zu international kompetenten Automobilunternehmen heranwachsen können.[138] Sechs bis sieben einheimische Firmen wiederum sollten nach dem Willen der Planer in Peking die führenden Automobilhersteller im Inland werden.[139] Die drei größten nationalen Automobilunter-

die „Zwei Minis" sind: Chang'an Manufacturing Company und Guizhou Aircraft Auto Company, die einen starken militärischen Hintergrund haben - sie gehören beide zur China Weaponry Industry Corporation. Vgl. Harwit (1995), S. 36-37; Lee (2001), S. 7.

137 Vgl. Lee (2003), S. 283ff; Tsuji (2004), S. 6.

138 Vgl. National Development and Reform Commission (1994).

139 Vgl. National Development and Reform Commission (1994).

nehmen sollten einen Marktanteil von über 70% im Inland erringen, lautete das damals erklärte Ziel.[140]

In den neuen „Richtlinien zur Entwicklung der nationalen Automobilindustrie" von 2004 gilt die Branche nach wie vor als die „Schlüsselindustrie" Chinas. Die „3 plus 6"-Struktur und der angestrebte Marktanteil von 70% kamen in der Richtlinien-Novelle allerdings nicht mehr zur Sprache. Außerdem wurde das Konzept der „Drei Großen, Drei Kleinen, Zwei Minis" durch die gezielte Unterstützung jener Automobilunternehmen, die einen Marktanteil von 15% erreicht haben, ersetzt. Die Regierung spricht sich in der Richtlinien-Novelle explizit für eine auf Wettbewerb basierende Restrukturierung der Automobilbranche aus: Einige Automobilkonzerne sollten entstehen, die noch vor 2010 zu den „500 größten Unternehmen der Welt" gehören, heißt es in der Novelle.[141]

3.2.3.1.2 Investitionspolitik

Gemäß den 1994er Richtlinien dürfen ausländische Automobilunternehmen nur unter dem Dach eines JV mit einheimischen Automobilfirmen Fahrzeuge in China herstellen. Jedes ausländische Automobilunternehmen darf insgesamt maximal vier JV zur Produktion und höchstens zwei in jeder Fahrzeugsparte (Pkw und Nfz) bilden. Der Anteil des ausländischen Partners am JV darf allerdings 50% nicht überschreiten.[142] Diese Beschränkungen für Investitionen wurden in der Richtlinien-Novelle von 2004 beibehalten. Die Bildung von 100-prozentigen Tochterunternehmen oder Kooperationen mit lokalen Herstellern unter Vorbehalt beziehungsweise die freie Wahl der Anteilsverteilung sowie Investitionsform sind in der Automobilproduktionsbranche in China nach wie vor nicht erlaubt.[143]

Die chinesische Regierung weiß, dass sie zum Aufbau einer eigenständigen chinesischen Automobilindustrie zwar Fremdkapital und Technologien ins Land holen muss, möchte aber die Kontrolle über

140 Vgl. National Development and Reform Commission (1994).

141 Vgl. National Development and Reform Commission (2004); Bfai [Richtlinien 2004].

142 Vgl. National Development and Reform Commission (1994); Lee (2003), S. 283f.; China Industry Sector Report (2001), S. 25.

143 100-prozentige Töchter in China zu gründen ist lediglich Automobilzulieferern gestattet - und dies auch erst seit Chinas WTO-Beitritt. Internationale Automobilhersteller dürfen nur mehr Anteile als 50% am JV besitzen, wenn die JV-Produktion ausschließlich für den Export erfolgt.

die Marktentwicklung der Branche nicht verlieren. Mittels der „Joint-Venture-Vorschrift" sichert die Regierung dem chinesischen Management innerhalb der Gemeinschaftsunternehmen Entscheidungsbefugnisse sowie Richtlinienkompetenzen.

3.2.3.1.3 Forschungs- und Entwicklungspolitik

Sowohl laut den Richtlinien von 1994 als auch von 2004 sollen ausländische JV-Partner Know-how und Technologien, die dem internationalen Niveau entsprechen, nach China transferieren.[144] Jedes JV ist außerdem verpflichtet, eine Forschungs- und Entwicklungseinrichtung in China aufzubauen.[145] Die Richtlinien schreiben vor, dass die F&E-Einrichtungen in der Lage sein sollten, Wagenmodelländerungen vorzunehmen.[146] In der 2004er Novelle wird die Regierung konkret: Ausländische Automobilunternehmen müssen neben ihrem JV-Geschäft eine F&E-Einrichtung unterhalten, deren Aufbau und Etablierung mindestens 500 Millionen RMB (60 Mio. US$) an Grundinvestitionen kostet.

Nach dem Motto „Markt gegen Technologie" verfolgt China die Strategie, durch die Hilfe ausländischer Automobilunternehmen mit geringstem Aufwand in kürzester Zeit seinen Technologierückstand wettzumachen. Die oben beschriebenen Kernpunkte der Investitionspolitik begünstigen den Know-how-Transfer.

3.2.3.1.4 Regulative Gestaltung der Zulieferindustrie

Um die Entwicklung der einheimischen Zulieferindustrie zu befördern, versucht die Regierung die Montage auf Basis von Importteilen,[147] sowohl SKD als auch CKD[148], zu unterbinden. In den Richtlinien von 1994 erklärte die Regierung, die Joint Venture sollten bei der Zusammenstellung ihres Lieferteileportfolios einhei-

---

144 Vgl. National Development and Reform Commission (1994); Lee (2003), S. 283f.

145 Vgl. National Development and Reform Commission (1994); National Development and Reform Commission (2004); Lee (2003), S. 283f.

146 Vgl. National Development and Reform Commission (1994); Lee (2003), S. 283f.

147 Vgl. National Development and Reform Commission (1994); National Development and Reform Commission (2004).

148 *Completely knocked down* (CKD): komplette Zerlegung eines Fahrzeugs in Teilesätze im Ursprungsland und anschließende Montage im Zielland; *semi knocked down* (SKD): teilweise Zerlegung z. B. eines Fahrzeugs in Teilesätze im Ursprungsland und anschließende Montage im Zielland.

mische Zulieferer berücksichtigen und diese aktiv in die Produktion mit einbeziehen. Zur Durchsetzung dieses Anliegens erließ sie eine „Local-Content-Vorschrift"[149]: Die Joint Venture, die einen Lokalisierungsgrad von 40% erreichten, genossen bei Importen von restlichen Schlüsselteilen zum Fahrzeugbau ermäßigte Zollsätze.

Diese „Local-Content-Vorschrift" wurde mit Inkrafttreten des „9. Fünfjahresplans" (1996–2000) zunächst noch einmal deutlich verschärft.[150] Danach durften neu gegründete JV erst dann die Automobilproduktion in China aufnehmen, wenn sowohl ihre ausländischen Partner bereits Motoren oder Getriebesysteme in China produzierten als auch bereits einen Lokalisierungsgrad von mindestens 40% erreicht wurde. [151]

Mit den Richtlinien von 2004 schaffte der chinesische Gesetzgeber förmlich den Mindestlokalisierungsanteil der Autoproduktion in den JV ab - was zu den eigentlich verbrieften Pflichten Chinas als WTO-Mitglied gehörte. Doch nur etwas mehr als drei Jahre nach dem WTO-Beitritt hat die chinesische Regierung im Februar 2005 erneut eine „Administrative Vorschrift für den Import von Autoteilen für die Fahrzeugmontage" (*Administrative Rules on Imports of Auto Parts with Features of Assembling Whole Vehicles*) erlassen.[152] Seither müssen ausländische Automobilhersteller hohe Zollsätze bezahlen, wenn sie Schlüsselmontageteile für die Autoproduktion in China aus dem Ausland beziehen, deren Wert mehr als 60% des Gesamtwertes des in China montierten Autos ausmacht.[153] Hinter der Etikette setzt die chinesische Regierung also die „Local-Content-Vorschrift" einfach weiter durch.

Auf diese Weise nötigt die chinesische Regierung die ausländischen Automobilunternehmen sowie ihre westlichen Zulieferer dazu, die Produktion von wichtigen Teilen, also von Automobilteilen mit hohen technologischen Anforderungen sowie hoher Wertschöpfung, nach China zu verlegen, um nicht zu hohe Kosten für die Einfuhr tragen zu müssen. Dies ist nur ein Teil eines größeren Plans zur Beschleunigung der Entwicklung der einheimischen Zulieferindustrie und damit auch der nationalen Autohersteller - was seit den 2004er Richtlinien auch explizit angemahnt wird.

---

[149] Vgl. National Development and Reform Commission (1994).

[150] Vgl. Lee (2003), S. 283f.

[151] Vgl. Lee (2003), S. 283f.

[152] Vgl. National Development and Reform Commission (2005).

[153] Vgl. National Development and Reform Commission (2005); o. V. [Rückblick 2007].

3.2.3.1.5 Regulative Gestaltung des Fahrzeug- und Lieferteile-Exports

Die Regierung ermutigt einheimische Automobilunternehmen zum Fahrzeugexport und dazu, sich in den internationalen Wettbewerb einzumischen. Mit Inkrafttreten des „9. Fünfjahresplans" (1996–2000) wurde ein Fondssystem aufgebaut, um entsprechende Export-Aktivitäten zu unterstützen.[154] Die National Import and Export Bank gibt seither jenen einheimischen Automobilunternehmen günstige zweckgebundene Kredite, die sich für den Aufbau von Transport- und Distributionssystemen für das Exportgeschäft engagieren.

Das Unternehmen Chery zum Beispiel hat Anfang 2005 einen Kredit in Höhe von fünf Milliarden RMB (602 Millionen US$) erhalten, um seine Export-Aktivitäten anzukurbeln,[155] und die Nanjing Automotive Industry Corporation (NAIC) bekam im September 2006 einen Kredit in Höhe von 350 Millionen US$ für die Übernahme von Geschäftsfeldern von MG Rover.[156] Nach dem Wortlaut der Richtlinien-Novelle von 2004 sollte die inländische Automobilproduktion nicht nur den Bedarf im Inland befriedigen, sondern auch in großen Volumen exportieren können.

3.2.3.1.6 Fortschreibung von Entwicklungstendenzen in die Zukunft

Zehn Jahre nach Erlass der „Richtlinien zur Entwicklung der nationalen Automobilindustrie" (1994) hat die chinesische Regierung im Juni 2004 die Richtlinien novelliert, um mit der veränderten Markt- und Branchensituation Schritt zu halten. Aufgrund des Beitritts zur WTO im Jahr 2001 musste China bestimmte Handelsbarrieren und Schutzmaßnahmen abbauen.[157] Aber nicht allen Forderungen seiner Handelspartner, beispielsweise der Forderung nach Abschaffung der „50:50-Vorschrift" für JV, ist China nachgekommen. Auch die jüngste Kritik der von der EU-Kommission eingesetzten hochrangigen Arbeitsgruppe „CARS 21" während der WTO-Verhandlungen in Hongkong Ende 2005 zeigte bislang (Stand Frühjahr 2007) keine Wirkung.[158]

---

[154] Vgl. Lee (2003), S. 283f.

[155] Vgl. o. V. [Chery 2005].

[156] Vgl. o. V. [Pkw-Hersteller 2006].

[157] Vgl. KPMG [Policy 2004].

[158] Vgl. FAZ [EU 2005]; Bundesministerium für Wirtschaft und Technologie (2005).

Basierend auf der vorangegangenen Analyse werden folgende künftige Ausprägungen der Schlüsselfaktoren im Einflussbereich *Politik und Gesetzgebung der chinesischen Regierung zur Steuerung und Kontrolle der Automobilindustrie* bis zum Jahr 2015 für möglich gehalten - um Redundanzen zu vermeiden, wird dabei zunächst auf Begründungen und Herleitungen verzichtet; diese folgen weiter unten im Rahmen der Ausformulierung der Szenarien:

Mögliche künftige Ausprägungen der Schlüsselfaktoren im Einflussbereich *Politik und Gesetzgebung der chinesischen Regierung zur Steuerung und Kontrolle der Automobilindustrie* im Jahr 2015	
Die Einstellung der Regierung zur nationalen Automobilindustrie	
Alternative 1	Die chinesische Regierung verfolgt eine liberalere Politik in Bezug auf die Automobilindustrie. Sie hat die planwirtschaftliche Kontrolle und ihre massiven Interventionen zurückgefahren. Die Entscheidungsträger in Peking haben nicht mehr vor, um jeden Preis eine eigenständige Automobilindustrie aufzubauen. Ausländische Investitionen in die Automobilindustrie sollten zwar die industrielle Modernisierung des Landes vorantreiben, dienen aber primär den Zielen, Arbeitsplätze im Inland zu schaffen und Staatseinnahmen über Steuern, Zölle und Gebühren zu generieren.
Alternative 2	Der Aufbau einer eigenständigen Automobilindustrie bleibt das Hauptziel der Regierung. Deshalb hält sie bis 2015 und darüber hinaus Kurs und versucht weiterhin mit allen Mitteln und Wegen, die Struktur der einheimischen Automobilindustrie zu optimieren und das technologische Know-how und die Produktionserfahrungen der ausländischen Automobilkonzerne und -zulieferer maximal auszuschöpfen.
Alternative 3	------

Investitionspolitik	
Alternative 1	Bis zum Jahr 2015 wird die Investitionsbeschränkung (50:50) für Joint Venture schrittweise aufgehoben oder diese Beschränkung bleibt zwar der Form halber bestehen, hat aber keine tatsächliche Wirkung mehr - eine Aufweichung oder Umgehung der „50:50-Vorschrift" wird geduldet.
Alternative 2	Die Regierung hält an der „50:50-Vorschrift" für Joint Venture fest und versteht es - möglicherweise auch mittels anderer Vorschriften -, ausländische Automobilunternehmen daran zu hindern, die Kontrolle über die einheimische Automobilindustrie zu übernehmen.
Alternative 3	------
Forschungs- und Entwicklungspolitik	
Alternative 1	Die Regierung ermutigt weiterhin ausländische Automobilhersteller und Autoteilezulieferer, Forschung und Entwicklung in China zu betreiben sowie Know-how nach China zu transferieren, jedoch besteht hierfür keine gesetzliche Pflicht mehr.
Alternative 2	Durch konkrete Richtlinien und/oder Gewährung von Privilegien werden ausländische Automobilunternehmen und Zulieferer dazu gebracht, Forschung und Entwicklung in China zu betreiben und Know-how an ihre chinesischen Geschäftspartner zu transferieren.
Alternative 3	Bis zum Jahr 2015 geschieht eine drastische Kursänderung im Bereich der F&E-Politik: Die Regierung erlässt radikale Vorschriften mit dem Ziel, ausländische Unternehmen zu zwingen, verstärkt Forschung und Entwicklung in China zu betreiben und aktuelles Know-how ins Land zu bringen.

Regulative Gestaltung der Zulieferindustrie	
Alternative 1	Gemäß WTO-Abkommen wird China schrittweise bis zum Jahr 2015 die Zölle für importierte Lieferteile reduzieren. Zudem gibt es dann keine weiteren Vorschriften oder (nichttarifäre) Maßnahmen mehr zur Beschleunigung der Entwicklung der einheimischen Zulieferindustrie.
Alternative 2	Die Regierung steuert und beschleunigt weiterhin die Entwicklung der einheimischen Zulieferindustrie. Chinesische Zulieferer werden protegiert und beispielsweise durch finanzielle Begünstigungen und (versteckte) Subventionen unterstützt.
Alternative 3	Die Regierung greift zu drastischen und aggressiven Maßnahmen, um die internationalen Zulieferer bezüglich der Art und Weise der Kooperation mit ihren chinesischen Partnern sowie der Intensität des Know-how-Transfers im Sinne der nationalen chinesischen Interessen zu kontrollieren und „auf Kurs zu bringen".
Regulative Gestaltung des Fahrzeug- und Lieferteilexports	
Alternative 1	Die chinesische Regierung ermutigt und begünstigt die ausländischen Automobilunternehmen und -zulieferer, China als einen Produktions- und Beschaffungsstandort zu betrachten und von China aus massenweise zu exportieren.
Alternative 2	Die chinesische Regierung unterstützt verstärkt mit konkreten Maßnahmen und Begünstigungen die einheimischen Automobilunternehmen und -zulieferer, ihre Produkte in großen Mengen zu exportieren.
Alternative 3	------

3.2.3.2. Die Leistungsfähigkeit der einheimischen Zulieferindustrie

Die Leistungsfähigkeit der Zulieferindustrie bestimmt maßgeblich den Grad des Erfolgs der Automobilindustriebranche als Ganzes. Die Modernisierungsbemühungen im Bereich der chinesischen Automobilindustrie waren bislang auf die Pkw-Produktion konzentriert, die Zulieferindustrie wurde vernachlässigt.[159] Von 1981 bis 2000 machten inländische Investitionen in die Zulieferindustrie nur einen Anteil von weniger als 30% an den chinesischen Gesamtinvestitionen in die Automobilindustrie aus.[160] Die momentane Situation der Branche in China ist durch folgende Charaktereigenschaften der Zulieferindustrie gekennzeichnet:

Dezentrale und unterentwickelte Branchenstruktur: Chinas Automobilzulieferindustrie wird durch große regionale Protektionismen geprägt. Jede Provinz oder Region versucht, alle Glieder der Wertschöpfungskette der Automobilindustrie innerhalb der eigenen Provinz oder Region abzudecken.[161] Zwischen den Provinzen und zwischen den Unternehmen gibt es kaum Komplementärproduktion. Alle machen alles.[162]

Auch wenn der Lokalprotektionismus mancherorts langsam aufgeweicht wird, kommt es immer noch vor, dass z. B. Zulieferer, die beide Volkswagenwerke beliefern wollen, sowohl in Shanghai (Hauptsitz von SAIC/VW) als auch in Changchun (Hauptsitz von FAW/VW) Produktionsstandorte aufbauen müssen. Es wird der ausländischen Autoindustrie in China weiterhin oft nicht gestattet, die Produktion in einer Region mit Lieferteilen aus einer anderen Region zu bestücken.

Große chinesische Automobilhersteller wie SAIC, FAW und DMC besitzen in der Regel ein eigenes Zulieferernetzwerk, das hauptsächlich von Firmen gebildet wird, die überwiegend eigene Tochterunternehmen sind oder an denen die Herstellerkonzerne maßgebliche Beteiligungen besitzen. Dies hat dazu geführt, dass sich in China an den Standorten der großen Automobilhersteller jeweils

---

[159] Vgl. Kiefer (1996), S. 301.

[160] Vgl. Hu Shuhua/Yang Wie (2004). Der Anteil der inländischen Investitionen in die Zulieferindustrie an den gesamten Investitionen in die Automobilindustrie im Rahmen der Fünfjahrespläne: 1981-1985: 35,8%, 1986-1990: 23%, 1991-1995: 27,8%, 1996-2000: 27,3%. Vgl. o.V. [Analyse 1997].

[161] Vgl. Tsuji (2004), S. 5.

[162] Vgl. Lee (2003), S. 283.

lokale Produktionscluster von Zulieferern entwickelt haben.[163] Im Rahmen dieser regionalen „Selbstversorgungssysteme" existieren zahlreiche Zulieferer mit einem kleinen Produktionsvolumen zur Herstellung derselben Lieferteile in verschiedenen Provinzen.[164]

Es gibt in China beispielsweise 46 Hersteller von Vergasern,[165] 27 Hersteller von Stoßdämpfern sowie 23 Firmen zur Fertigung von Lenkgetrieben.[166] Diese Zahlen verdeutlichen das Problem der ineffektiven Streuung und der Kleinmengenproduktion in der chinesischen Zulieferindustrie. Von den beinahe 5.000 einheimischen Zulieferern[167] gibt es nur 130 Hersteller mit einem jährlichen Umsatz von über zehn Millionen US$. 2.700 einheimische Zulieferer haben einen jährlichen Umsatz von weniger als 50.000 US$.[168] Wangxiang, der größte Zulieferer Chinas, erzielte 2005 einen Umsatz von 25,2 Mrd. RMB (3,04 Mrd. US$).[169] Dies entsprach nur einem Zwanzigstel des Umsatzes des weltweit stärksten Automobilzulieferers Bosch, der im selben Jahr 49,76 Mrd. US$ betrug.[170]

Die Arbeitsweise der chinesischen Zulieferer und ihre Beziehung zu den einheimischen Automobilherstellern verhindern einen gesunden Wettbewerb in der Branche - und dies ganz entgegen dem aktuellen Trend der globalen Beschaffung. Auf internationaler Ebene ist eine Trennung der Zuliefersparte von den Automobilunternehmen zwecks Minimierung der Risikobeteiligung sowie Maximierung des Handlungsspielraums beider Seiten längst gang und gäbe.[171] General Motors hat 1999 seine Zuliefersparte vom Konzern abgekoppelt, entstanden ist das eigenständige Unternehmen Delphi.[172] Visteon hat sich im Jahr 2000 als unabhängiges Zulieferunternehmen von Ford getrennt und ist seither als einer der mächtigsten Automobilzulieferer weltweit tätig.[173]

Die geographische Nähe sowie die Zugehörigkeit der Zulieferer zu den Automobilunternehmen in China führen zwar zu einer ver-

---

[163] Vgl. Depner/Dewald (2004), S. 5.

[164] Vgl. Lee (2003), S. 284.

[165] Vgl. Lee (2003), S. 283.

[166] Vgl. Bfai [Kfz-Zulieferer 2005].

[167] Vgl. o. V. [Delphi 2006].

[168] Vgl. o. V. [Durchbruch 2005].

[169] Vgl. o. V. [Delphi 2006 de] ; o. V. [Mangel 2006].

[170] Vgl. Bosch Website [3]; o. V. [Mangel 2006].

[171] Vgl. Gan Chunhui (2001), S. 3.

[172] Vgl. Handelsblatt [Delphi 2005].

[173] Vgl. Wang You/Xu Chenhua (2005).

stärkten gegenseitigen Abhängigkeit,[174] aber es lassen sich auch gewisse Vorteile nicht von der Hand weisen. So hat die Branchenstruktur der chinesischen Zulieferindustrie eine große Ähnlichkeit mit jener der erfolgreichen Autonation Japan: 80% der Zulieferer von Toyota etwa haben sich rund um das Hauptquartier der Toyota Group niedergelassen.[175] Eine enge Allianz zwischen Automobilherstellern und -zulieferern kann, wie das Beispiel Japan zeigt, den Kapital- und Technologieaustausch sowie die gegenseitige Unterstützung befördern.

Dominanz ausländischen Kapitals: Die internationalen Automobilkonzerne haben mit ihren Investitionen in die chinesische Autoindustrie auch zahlreiche Zulieferer aus den westlichen Industrienationen nach China gelockt. Die Zulieferindustrie unterliegt seit Chinas WTO-Beitritt auch keiner Investitionsbeschränkung wie etwa Automobilproduktionsunternehmen, die gezwungen sind JV mit einer 50:50-Anteilsverteilung einzugehen. Fast alle internationalen Mega-Zulieferer sind mittlerweile in China vertreten. Bis Ende 2004 haben sich bereits 35 der weltweit 50 größten Automobilzulieferer in China angesiedelt.[176] Von den 4.447 Zulieferern landesweit bis Ende 2005 waren insgesamt 1.200 Joint Venture mit ausländischer Beteiligung oder Tochtergesellschaften internationaler Firmen.[177] Delphi erzielte 2005 nach Schätzungen einen Umsatz von 500 Mio. US$ in China.[178] Der deutsche Automobilzulieferer Bosch war im Jahr 2005 mit einem Umsatz von 1,2 Mrd. Euro in China allen Konkurrenten weit voraus.[179]

Große chinesische Automobilhersteller wie SAIC, FAW und DMC werden von den Lokal- und Provinzregierungen dabei unterstützt, ausländische Zulieferpartner in Joint Venture zu integrieren, um ihre Beschaffungsnetzwerke aufzuwerten und die Region als Standort zu stärken. Dies führt dazu, dass die einheimischen Automobilunternehmen nicht nur als Partner an der Seite der internationalen Automobilkonzerne in der Produktion arbeiten, sondern auch zahlreiche JV mit verschiedenen internationalen Zulieferern aufgebaut haben. SAIC hat neben seinen zwei JV mit VW und GM

---

174 Vgl. Gan Chunhui (2001), S. 6 ; o.V. [Analyse 2005].

175 Vgl. Tsuji (2004), S. 4.

176 Vgl. Qiu, L. D. (2005), S. 22.

177 Vgl. o.V. [Zulieferindustrie 2006]. Bfai [Kfz-Zulieferer 2005] ; o. V. [Durchbruch 2005].

178 Vgl. o. V. [Interesse 2005].

179 Vgl. Bosch Website [2].

zur Autoproduktion noch über 50 JV mit internationalen Zulieferern zur Teileherstellung gegründet.[180]

Abbildung 6: Anzahl der Produktionsstandorte der internationalen Automobilzulieferer in China (Stand: 2004)

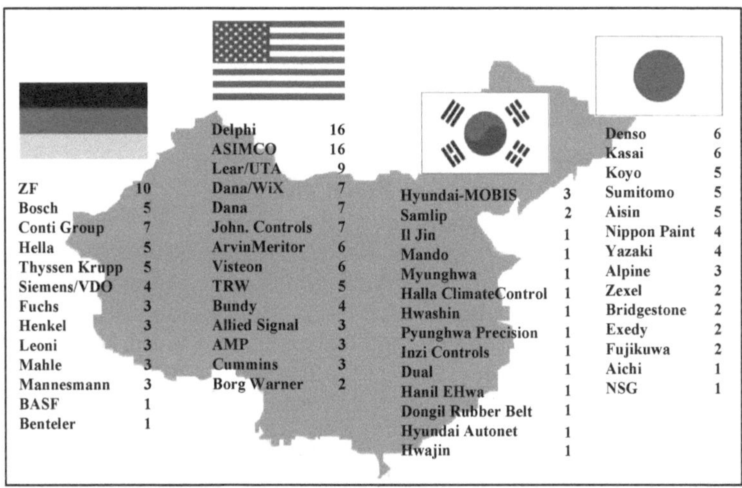

Darstellung in Anlehnung an interne Firmendaten[181]

Aufbauend auf dem strukturellen Ist-Zustand der chinesischen Zulieferindustrie werden im Folgenden nun ihre Entwicklungstendenzen anhand zweier Schlüsselfaktoren beleuchtet.

3.2.3.2.1 Forschung und Entwicklung

Die chinesische Automobilzulieferindustrie hat einen enormen technischen und technologischen Rückstand zu jener der westlichen Industrienationen (inklusive Japan und Südkorea) wettzumachen. Das liegt zum einen daran, dass sich die chinesische Automobilindustrie samt ihrer Zulieferer noch in einer „anfänglichen" Entwicklungsphase befindet. Zum anderen hemmt die dezentrale Branchenstruktur im Falle Chinas bislang eine Bündelung von Kompetenzen. Die Bestrebungen der chinesischen Regierung zur Wettmachung des Technologierückstandes haben bislang noch keine flächendeckende und nachhaltige Wirkung gezeigt.

---

180 Vgl. o. V. [Analyse 2005].

181 Die vorliegende Studie entstand in Zusammenarbeit mit einem internationalen Automobilkonzern mit Heimatsitz in Deutschland.

Die internationalen Zulieferunternehmen haben zwar neben ihren JV auch über 100 F&E-Einrichtungen im Land aufgebaut[182], jedoch geben sie proportional gesehen noch weniger Geld für Forschung aus als die rein chinesischen Zulieferer: Das Verhältnis zwischen den Ausgaben für F&E und dem Umsatz der internationalen Automobilzulieferer (JV und Tochtergesellschaften) in China lag in den vergangenen Jahren bei durchschnittlich 0,97% im Vergleich zu 1,21% bei einheimischen Zulieferunternehmen.[183] Letztere intensivieren weiter ihre Bemühungen: 2005 steckte die chinesische Zulieferindustrie immerhin 2,5% ihres Umsatzes in F&E.[184]

Diese Zahlen sind allerdings weiterhin weit entfernt von den durchschnittlichen Investitionen der Zulieferindustrie in F&E weltweit, diese liegen bei einer durchschnittlichen Quote von 3 bis 5% des jährlichen Umsatzes.[185] Aufgrund des niedrigen Technologiestandes und den minderen Qualitätsstandards in China wird die inländische Pkw-Produktion fast ausschließlich von Zulieferunternehmen mit ausländischer Beteiligung versorgt: 40 bis 80% der Motoren, 60% der Autoklimaanlagen sowie 100% der automatischen Getriebe stammen aus der JV-Produktion oder dem Import.[186]

3.2.3.2.2 Außenhandel

Der Außenhandel der chinesischen Zulieferindustrie befindet sich im Wandel. Noch im Jahr 2003 verzeichnete die Branche ein hohes Handelsdefizit von 3 Mrd. US$ (Import: 6,26 Mrd. US$; Export: 3,25 Mrd. US$).[187] Das Defizit nahm seither aber kontinuierlich ab. Im Jahr 2006 schließlich hatte die chinesische Zulieferindustrie zum ersten Mal ein positives Außenhandelsergebnis vorzuweisen (siehe Tabelle 7). Aus quantitativer Sicht hat China innerhalb eines kurzen Zeitraums immense Fortschritte gemacht, aber qualitativ gesehen, hat die chinesische Zulieferindustrie noch einen langen Weg vor sich. Ein Beispiel macht dies deutlich: Im Jahr 2004 dienten importierte Lieferteile im Wert von 7 Mrd. US$ der Produktion auf KD (*knocked down*)-Basis.[188]

---

[182] Vgl. Lin Haisheng/Kou Jiangdong (2005); o. V. [Analyse 2005].

[183] Vgl. o. V. [Analyse 2005].

[184] Vgl. o. V. [Stellung 2006].

[185] Vgl. Hu Shuhua/Yang Wie (2004).

[186] Vgl. o. V. [Automobilzulieferindustrie 2004].

[187] Vgl. o. V. [Situation 2004].

[188] Vgl. o. V. [Industry 2004].

Das große Exportvolumen der Automobilzulieferindustrie in China ist den dort angesiedelten ausländischen Zulieferern zu verdanken. Hundertprozentige Tochterfirmen der ausländischen Zulieferer und die Zulieferunternehmen mit ausländischen Beteiligungen hatten im Jahr 2006 einen Anteil von 56,35% am Lieferteile-Export von China aus.[189] Die Exportfähigkeit der rein chinesischen Zulieferindustrie hingegen ist zurzeit noch stark begrenzt. Sie fokussiert sich auf Lieferteile mit geringer Wertschöpfung wie Verbindungsteile, Metallkomponenten, Stoßdämpfer oder Reifen.[190] Nach China importierte Lieferteile - überwiegend Airbags, Sicherheitsgürtel sowie automatische Getriebe - stellen nach wie vor weitaus höhere technologische Werte dar.[191]

Tabelle 7: Entwicklung des Außenhandels der chinesischen Zulieferindustrie, 2003–2006

Jahr	**Import (in Mrd. US$)**	**Export (in Mrd. US$)**	**Außerhandelsergebnis (in Mrd. US$)**	
2003	6,26	3,25	Defizit	-3,01
2004	8,53	6,176	Defizit	-2,354
2005	9,345	8,947	Defizit	-0,398
2006	11,105	12,292	Überschuss	+1,187

Quellen: o. V. [Situation 2004]; o. V. [Industry 2004]; CAAM [Analyse 2007]; o.V. [Höhen 2006]; o. V. [Entwicklungstrends 2006]; PDAY Research (2006).

3.2.3.2.3 Fortschreibung von Entwicklungstendenzen in die Zukunft

Unter der Berücksichtigung der landes- und branchenspezifischen Besonderheiten der chinesischen Zulieferindustrie sowie der globalen Trends werden die möglichen Ausprägungen des für die Konsolidierung der chinesischen Automobilindustrie bis zum Jahr 2015 maßgeblichen Einflussbereiches *Leistungsfähigkeit der einheimischen Automobilzulieferer* wie folgt angenommen:

---

[189] Vgl. o. V. [Rückblick 2006].

[190] Vgl. CAAM [Analyse 2007].

[191] Vgl. o. V. [Hindernisse 2006].

Mögliche Ausprägungen der Schlüsselfaktoren im Einflussbereich *Leistungsfähigkeit der einheimischen Automobilzulieferer* im Jahr 2015	
Forschung und Entwicklung	
Alternative 1	Die chinesische Zulieferindustrie verbessert zwar ihren Forschungs- und Entwicklungsstand kontinuierlich, aber der Rückstand zum *state-of-the-art* westlichen Know-hows ist für China bis 2015 unaufholbar. Die einheimische Automobilteileherstellung bleibt auch im Jahr 2015 noch auf einfache und arbeitsintensive Produktionsvorgänge beschränkt.
Alternative 2	Die internationalen Zulieferer sind mit ihren Technologien und ihrem Know-how auch im Jahr 2015 jenen Chinas immer noch weit überlegen, aber die einheimischen Zulieferer verfügen inzwischen über ausreichende Kenntnisse und Erfahrungen, um Kernkomponenten für den Fahrzeugbau im Kleinwagensegment mit zufriedenstellender Qualität zu produzieren.
Alternative 3	Die chinesische Zulieferindustrie verfügt inzwischen über *state-of-the-art*-Technologien und ist in der Lage auch eigenständig innovative Automobillieferteile zu entwickeln. Der Technologiestand von Chinas Zulieferindustrie hat bis zum Jahr 2015 das Weltniveau erreicht.
Außenhandel	
Alternative 1	Den Export dominieren die internationalen Automobilzulieferer mit ihren in China hergestellten Produkten.
Alternative 2	Die chinesischen Zulieferer nehmen aktiv an der globalen Beschaffung teil. Automobillieferteile aus der JV-Produktion mit ausländischer Beteiligung sowie aus der rein einheimischen Produktion werden in großen Mengen exportiert.
Alternative 3	Rein chinesische Automobilzulieferer überschwemmen den Weltmarkt mit preisgünstigen und qualitativ guten *state-of-the-art*-Autoteilen.

3.2.3.3 Die Leistungsfähigkeit der einheimischen Automobilhersteller

Die führenden chinesischen Automobilhersteller sind große staatliche Unternehmen mit üblicherweise mehreren westlichen JV-Partnern, wie folgende Tabelle zeigt:

Tabelle 8: Absatz der „Top-10"-Auto-Hersteller in China 2007 und 2006

Unternehmen	**Absatzzahlen 2007 (Marktanteil)**	**Unternehmen**	**Absatzzahlen 2006 (Marktanteil)**
1. FAW/VW	458.300 (9,7%)	1. SAIC/GM	365.400 (9,5%)
2. SAIC/VW	445.800 (9,4%)	2. FAW/VW	341.200 (8,9%)
3. SAIC/GM	432.000 (9,1%)	3. SAIC/VW	340.600 (7,1%)
4. Chery	321.500 (6,8%)	4. Chery	272.400 (7,1%)
5. FAW/Toyota	269.100 (5,7%)	5. BAIC/Hyundai	261.800 (6,8%)
6. DMC/Nissan	261.200 (5,5%)	6. GAIC/Honda	224.300 (5,9%)
7. GAIC/Honda	249.500 (5,3%)	7. FAW/Toyota	210.400 (5,5%)
8. Geely	219.500 (4,6%)	8. Geely	204.300 (5,5%)
9. Chang'an/Ford	213.100 (4,5%)	9. DMC/PSA	201.300 (5,3%)
10. DMC/PSA	207.300 (4,4%)	10. DMC/Nissan	198.900 (5,2%)
Absatz der Top 10	3.077.300 (65,1%)		2.590.600 (73,17%)
Gesamter Auto-Absatz	4.726.600 (100%)		3.828.900 (100%)

Eigene Darstellung; Quellen: o. V. [Bekanntmachung 2007]; o. V. [Produktion 2007]; o.V. [Rangliste 2007]; o. V. [Darstellung 2007]; o. V. [Top 10 2008]; o. V. [Acht Millionen 2008]; o. V. [Pkw-Markt 2008].

Die meisten der in China hergestellten Autos sind zwar *made in China*, aber nicht *made by China*: 2007 machte der Absatz ausländischer Wagenmodelle aus der Joint-Venture-Produktion 74% des gesamten landesweiten Pkw-Absatzes aus. [192] Marken wie Santana oder Jetta (Volkswagen), Excelle (General Motors) oder Camry (Toyota) waren 2007 die bei den chinesischen Kunden begehrtesten Marken.

---

[192] Vgl. o. V. [Rangliste 2008].

Tabelle 9: Die zehn meistverkauften Pkw-Marken und ihr Absatz in China 2007

Pkw-Marke	Automobilhersteller	Absatzzahlen
Santana (VW)	SAIC/VW	203.100
Jetta (VW)	FAW/VW	200.110
Buick Excelle (GM)	SAIC/GM	196.800
Camry (Toyota)	GAIC/Toyota	170.300
Xiali (FAW)	Eigenproduktion von FAW	132.500
QQ (Chery)	Eigenproduktion der Chery Automobile Co. Ltd.	130.200
Fox (VW)	SAIC/VW	125.000
Elantra (Hyundai)	BAIC/Hyundai	120.300
Accord (Honda)	GAIC/Honda	118.000
Mazda	Chang'an/Mazda	113.700

Eigene Darstellung; Quellen: o. V. [Pkw-Markt 2008]; o. V. [Top 10 2008].

Die chinesische Automobilindustrie hängt derzeit sehr stark von ihren westlichen Partnern ab. Ohne diese wären die meisten chinesischen JV-Partner nicht überlebensfähig. SAIC etwa, der größte chinesische Pkw-Hersteller und Partner von General Motors und Volkswagen zugleich, wurde zwar 2003 zum ersten Mal mit einem Umsatz von 11,72 Mrd. US$ als eines der größten Unternehmen weltweit gekürt und erschien in der Liste der „Fortune 500“[193] auf dem Platz 461.

SAIC hat aber keine eigenständige Pkw-Produktion - außer für die eigene Pickup-Marke Saibao mit einem jährlichen Ausstoß von 20.000 Einheiten.[194] Daneben besitzt das Unternehmen keinerlei eigene etablierte Marken. Die von SAIC erst im Oktober 2006 auf den Markt gebrachte Automarke „Roewe“ basiert auf Rover-Technologien.[195]

Der chinesische Automobilmarkt ist derzeit hauptsächlich ein „Ringplatz“ der internationalen Automobilkonzerne, die um Markt-

193 Vgl. Der Spiegel [Schwärmt aus 2004].

194 Vgl. o. V. [Rover 2005].

195 Vgl. o.V. [Hersteller 2006]; o.V. [SAIC 2006].

anteile und Profite konkurrieren. Aber die einheimischen Automobilhersteller beabsichtigen zweifellos, durch Kooperation und Zusammenarbeit mit ihren ausländischen Partnern, den Lernprozess zu beschleunigen sowie die eigene Leistungsfähigkeit zu stärken. Einige einheimische Automobilunternehmen hatten - viel früher als SAIC - bereits eigene Marken und Modelle entwickelt.

Manche davon schafften dies durch Kooperation und Know-how-Transfer. Man denke an den Mittelklassewagen Zhonghua von Brilliance (JV-Partner von BMW) oder an das Modell Red Flag von FAW (JV-Partner von Toyota und VW). Andere versuchen als unabhängige einheimische Unternehmen den lokalen Markt zu erobern, wie etwa Chery Automotive Ltd. oder die Geely Automotive Group, die mit eigenen Produkten gegen ausländische Marken antreten und mittlerweile zu den zehn größten chinesischen Automobilunternehmen gehören.

Die weitere Entwicklung innerhalb des Einflussbereiches *Leistungsfähigkeit der einheimischen Automobilhersteller* wird, wie bei der Betrachtung der Zulieferer, anhand einer Analyse der Schlüsselfaktoren Forschung und Entwicklung (F&E) sowie Außenhandel antizipiert. Zunächst betrachten wir den Ist-Zustand dieser Schlüsselfaktoren.

3.2.3.3.1 Forschung und Entwicklung

Die Wettbewerbsfähigkeit der chinesischen Automobilhersteller ist begrenzt. Obwohl alle staatlichen Automobilunternehmen inzwischen mit sogar mehreren internationalen Automobilkonzernen JV zur Pkw-Produktion eingegangen sind, findet die wichtigste Phase der Wertschöpfungskette, die Forschung und Entwicklung, in China kaum statt. Von allen neuen Wagenmodellen auf dem chinesischen Markt im Jahr 2006 waren 75 Prozent ausländischer Herkunft.[196] Die F&E-Einrichtungen der internationalen Automobilkonzerne in China beschäftigen sich hauptsächlich mit landesspezifischen Anpassungen oder Verbesserungen der eigenen Fahrzeugmarken.[197] Erst neuerdings buhlen die ausländischen Konzerne durch Absichtserklärungen, eigene „China-Modelle" bzw. neue

---

[196] Vgl. o. V. [Besonderheiten 2006].

[197] Vgl. FAZ [Geschmack 2005]; GM etwa betreibt zusammen mit seinem chinesischen JV-Partner SAIC das Pan Asia Technical Automotive Center (Patac), in dem GM-Modelle vor allem hinsichtlich ihrer Innenausstattung für den chinesischen Markt umgestaltet werden. Vgl. FAZ [Asien 2005].

Modelle in China entwerfen zu wollen, um die Gunst ihrer chinesischen Partner und der chinesischen Regierung.[198]

Die absolute Regel ist jedoch nach wie vor, dass die Konzerne in ihren JV in China dieselben Wagenmodelle produzieren, die sie zu Hause in Europa, in den USA, in Japan bzw. Südkorea zusammen mit ihren Zulieferern entwickelt haben. Deshalb verfügen die chinesischen Automobilunternehmen auch über keine kompatiblen Entwicklungs- und Produktionserfahrungen, was diese Wagenmodelle anbelangt.[199]

Der Technologierückstand der chinesischen Zulieferer und Automobilhersteller behindert eine reibungslose Kooperation zur Entwicklung eigener neuer Fahrzeugtechniken und Wagenmodelle. Dafür tragen auch die vergleichsweise geringen Ausgaben für F&E Rechnung. Im Jahr 2002 gaben alle Automobilhersteller in China 862 Mio. US$ für F&E aus. Das Verhältnis der Ausgaben der chinesischen Automobilhersteller für F&E zum Umsatz betrug in jenem Jahr 1,45%.[200] Im Vergleich dazu reinvestiert allein General Motors insgesamt jährlich 4,8% seines Umsatzes in F&E.[201] Toyota sind Innovationen Jahr für Jahr sogar 5% seines Umsatzes wert.[202]

3.2.3.3.2 Außenhandel

China ist zwar jetzt schon in gewisser Weise eine „Weltfabrik“: Im Land werden 50% aller Kameras, 30% aller Klimaanlagen und Farbfernseher, 25% aller Waschmaschinen sowie 23% aller Kühlschränke der Welt produziert.[203] China ist jedoch noch weit davon entfernt, eine Exportnation für Personenfahrzeuge zu sein. Darüber hinwegtäuschen dürfen keinesfalls die immensen Zuwachsraten der Exportgeschäfte: Im Jahr 2007 exportierte das Land insgesamt 188.638 Einheiten Pkw aus der einheimischen Produktion.[204] Dies

---

198 GM hat angekündigt, ein vollständig in China entwickeltes Wagenmodell auf den Markt zu bringen (vgl. o. V. [Modelle 2005]). VW beabsichtigt, mit seinem chinesischen Partner SAIC ein Hybridauto zu entwickeln (vgl. Wirtschaftswoche Sonderheft China [Gas 2005]). Bislang wurde aber kein einziges Modell innerhalb der chinesisch-ausländischen JV vollständig entwickelt und serienreif auf den Markt gebracht.

199 Vgl. The Financial Times (2005).

200 Vgl. o. V. [Konkurrenzkampf 2005].

201 Vgl. Qiu, L. D. (2005), S. 27.

202 Vgl. Qiu, L. D. (2005), S. 27.

203 Vgl. o.V. [Outsouring 2004].

204 Vgl. o. V. [Außenhandel 2008].

stellte einen Zuwachs von beinahe 200% im Vergleich zu 2006 (93.300 Einheiten) dar.[205] Das Volumen der chinesischen Pkw-Exporte hat sich von 2006 auf 2007 mehr als verdoppelt von 630 Millionen auf 1,4 Millarden US$.[206] Noch außergewöhnlicher erscheint die Entwicklung im Vergleich zu den weiter zurückliegenden Jahren. 2004 exportierte das Land lediglich 9.335 Einheiten, 2003 nur 2.849 Einheiten und 2002 gerade einmal 969 Einheiten Pkw aus der heimischen Produktion.[207]

Eine Aufwärtsentwicklung des Exportgeschäfts der chinesischen Automobilindustrie insgesamt ist demnach zwar gegeben, aber aufgrund des noch sehr niedrigen Technologiestands finden chinesische Pkw bis dato vorwiegend Marktzugang in Ländern wie Iran, Syrien und im Nahen Osten sowie in Nord-Afrika.[208]

Die Pkw-Produktion der JV in China erfüllt bislang den Zweck, lediglich den inländischen Markt zu befriedigen. Um die bestehenden Produktionsstandorte in der Heimat in Europa, den USA, Japan und Südkorea zu schützen und aufgrund der hohen Produktionskosten, die aus einer ineffizienten Produktion kombiniert mit hohen Materialkosten in China resultieren, haben die internationalen Automobilunternehmen noch keine maßgeblichen Aktivitäten in Angriff genommen, Pkw von China aus massenweise zu exportieren.[209]

Der japanische Automobilhersteller Honda hat als das erste und bisher einzige ausländische Automobilunternehmen im Jahr 2004 einen Produktionsstandort mit einer Kapazität von jährlich 30.000 Einheiten Pkw zum Export in der südchinesischen Provinz Guangdong aufgebaut.[210] Im Juni 2005 sind von dort 150 Einheiten des Modells Jazz nach Deutschland verschifft worden.[211] Bis Ende 2005 wurden 9.698 Jazz von China nach Europa exportiert.[212] Ferner

---

[205] Vgl. o. V. [Autobauer 2007]; o. V. [Außenhandel 2008].

[206] Vgl. The Export-Import Bank of China (2006); o. V. [Autobauer 2007]; o. V. [Außenhandel 2008].

[207] Vgl. o. V. [Aufwertung 2005]; CATARC (2003).

[208] Vgl. Ernst & Young (2005), S. 6.

[209] Volkswagen exportierte 2003 zum ersten Mal Polo von China nach Australien. Der langfristige Export nach Australien für die folgenden fünf Jahre betrug planmäßig 600 Einheiten pro Jahr. General Motors exportierte Ende 2001/Anfang 2002 1.000 Einheiten des Modells Buick in die Philippinen. Vgl. Fourin China Auto Weekly, 3. Oktober 2005; o. V. [Autoexport 2005].

[210] Vgl. BCG (2002); Wirtschaftswoche [Exporteur 2004].

[211] Vgl. Dpa [Honda 2005].

[212] Vgl. o. V. [Kurzbericht 2006].

kündigte Honda 2005 an, innerhalb weiterer fünf Jahre - also bis 2010 - Exportkapazitäten für die Ausfuhr von jährlichen 50.000 Einheiten Pkw aus China nach Europa schaffen zu wollen.[213]

3.2.3.3.3 Fortschreibung von Entwicklungstendenzen in die Zukunft

Vor dem Hintergrund der beschriebenen Ist-Zustände und Entwicklungstendenzen werden folgende künftige Ausprägungen des für die Konsolidierung der chinesischen Automobilindustrie bis zum Jahr 2015 maßgeblichen Einflussbereiches *Leistungsfähigkeit der einheimischen Automobilhersteller* und seiner Schlüsselfaktoren als möglich erachtet:

Mögliche künftige Ausprägungen der Schlüsselfaktoren im Einflussbereich *Leistungsfähigkeit der einheimischen Automobilhersteller* im Jahr 2015	
Forschung und Entwicklung	
Alternative 1	Im Jahr 2015 dominieren weiterhin die ausländischen Automobilunternehmen den Markt mit ihren Marken. Unverändert bleibt die Tatsache, dass die ausländischen Konzerne überwiegend reife Modelle nach China transferieren, anstatt Fahrzeuge vor Ort zu entwickeln. Die chinesischen Automobilhersteller vermochten es nicht, bis 2015 ihren Technologiestand aus eigener Kraft an das Weltniveau anzupassen. Eine eigenständige, leistungs- und konkurrenzfähige chinesische Automobilindustrie ist bis 2015 nicht entstanden.
Alternative 2	Die chinesischen Automobilhersteller sind in der Lage, eigene Technologien im Fahrzeugbau für Kleinwagen zu entwickeln. Einige chinesische Automobilhersteller haben eigene Marken im Kleinwagensegment aufgebaut und etabliert und massive Marktanteile in China errungen.

213 Vgl. The New York Times [Wave 2005].

Alternative 3	Der Technologiestand von Chinas Autoindustrie hat bis zum Jahr 2015 das Weltniveau erreicht. Die chinesischen Automobilhersteller sind in der Lage in Eigenregie Personenfahrzeuge (Design, Karosserie, Motoren und andere Kernprozesse) vom Kleinwagen bis hin zum Mittelklassewagen zu entwickeln.
Außenhandel	
Alternative 1	Die Exportfähigkeit der einheimischen Automobilhersteller ist 2015 weiterhin begrenzt. Eine Handvoll chinesische Produzenten exportieren Fahrzeuge mit einfacher Technologie.
Alternative 2	China ist bis 2015 als Exporteur für Kleinwagen Weltmarktführer geworden. Die Chinesen machen mit ihren Kleinwagen, die qualitativ gut und preiswert sind, den internationalen Automobilherstellern ernsthafte Konkurrenz.
Alternative 3	China ist wie einst Japan zur wichtigen Automobilnation geworden. Chinesische „Toyotas" und „Hyundais" sind entstanden. Chinesische Pkw des Kleinwagen- und Mittelklassewagensegments überschwemmen den Weltmarkt.

3.2.3.4 Kundenpotenziale

Die chinesischen Privatkunden sind die Lokomotive des sich rasant entwickelnden Automarkts. Ihr Anteil an den Absatzzahlen für Pkw lag im Jahr 1985 gerade mal bei 15,23%[214], im Jahr 2006 waren bereits über 80% der Pkw-Käufer Privatkunden.[215] Dennoch ist der chinesische Pkw-Markt noch als „primitiv" zu bezeichnen. Es ist ein Markt, für den nicht dieselben Regeln gelten wie für die „erwachsenen" Auto-Märkte in den Industrienationen. Nach einer Untersuchung des Marktforschungsinstituts J. D. Power im Frühjahr 2005 ist der Großteil (75%) der Privatkunden auf dem Automarkt in China Erstkäufer.[216] Markenbindung und Markentreue sind kaum vorhanden.

Bei einer Online-Befragung des chinesischen Marktforschungsunternehmens Horizon Research Consultancy in Kooperation mit dem Betreiber der bekannten chinesischen Internetplattform Sohu im September 2004 zum Konsumverhalten chinesischer Kunden beim Autokauf stuften 53,7% aller Teilnehmer den Preis mit großem Abstand als den wichtigsten Entscheidungsfaktor beim Autokauf ein.[217] Bei einer Marktuntersuchung von Roland Berger im Frühjahr 2004 gaben 87% der befragten Chinesen zu, vor dem Einkauf Preise zu vergleichen.[218]

Gerade weil die Anschaffung eines Autos für durchschnittliche chinesische Kunden noch eine enorme finanzielle Belastung darstellt, sind diese besonders preisbewusst. Das verfügbare Einkommen in China bestimmt somit nicht nur die Absatzzahlen für Pkw, sondern auch die Gewinnstruktur der Branche. Ferner beeinflusst die Kaufkraftentwicklung der chinesischen Kunden maßgeblich die künftige Wandelung und Änderung der Branchenstruktur der Automobilindustrie. Die Entwicklung der Wirtschaft und des verfügbaren Einkommens ist in einem solch jungen Automarkt, wie er im Schwellenland China zu finden ist, der Dreh- und Angelpunkt der Betrachtung im Einflussbereich Kundenpotenziale. Andere denkbare Schlüsselfaktoren wie technische Anforderungen oder segmentbezogene Fahrzeugauswahl werden hier bewusst in der Darstellung ausgespart.

---

214 Vgl. Feng Fei (k.A.), S. 11.

215 Vgl. o. V. [Rangliste 2007].

216 Vgl. FAZ [Geschmack 2005].

217 Vgl. http://www.auto.sohu.com/20040930, Stand: 30. September 2004. Teilnehmer: 18.273; verwertbare Antworten: 16.457.

218 Vgl. Absatzwirtschaft (2004).

3.2.3.4.1 Wirtschaftswachstum und Entwicklung der verfügbaren Einkommen

Die chinesische Volkswirtschaft hat im Jahr 2007 nach offiziellen Angaben des Nationalen Statistik Büros erneut um 11,4% zugelegt.[219] Mit einem Gesamt-BIP von über 2,2 Billionen US$ stieg China zwar 2005 bereits zur viertgrößten Volkswirtschaft der Welt auf,[220] mit seinem BIP pro Kopf von lediglich 1.703 US$[221] liegt China allerdings weit hinten auf dem weltweiten 110. Platz.[222]

Das BIP pro Kopf ist nach Expertenmeinung zwar als ein Indikator zur Bewertung der Gesamtvolkswirtschaft eines Landes geeignet, könnte aber im Falle Chinas besonders auch als Bezugsgröße für die statistische Erfassung potenzieller Autokunden ein verzerrtes Bild wiedergeben, denn im Reich der Mitte gibt es gravierende Unterschiede bezüglich der Wirtschaftsentwicklung zwischen den boomenden Küstenregionen und dem viel weniger erschlossenen Hinterland. Im Jahre 2005 betrug beispielsweise das BIP pro Kopf in Shanghai 67.000 RMB (8.072 US$), jenes in Guizhou, der ärmsten Provinz Chinas, aber nur 7,3% davon, nämlich 4.940 RMB (595 US$).[223]

So unterschiedlich wie das Tempo der Wirtschaftentwicklung in den verschiedenen Regionen ist folgerichtig auch die Kaufkraftentwicklung. 2006 hatte Chinas städtische Bevölkerung durchschnittlich 11.759 RMB (1.417 US$) im Jahr zur Verfügung, die ländliche Bevölkerung aber nur 3.578 RMB (431 US$).[224] Der Großteil der Menschen, zwischen 800 und 900 Millionen der offiziell 1,3 Milliarden[225] Chinesen, lebt auch heute noch auf dem Lande. Vergleicht man vor diesem Hintergrund betrachtet größere Regionen und ihre Durchschnittswerte miteinander, so schrumpft der statistische Unterschied und verzerrt den Blick auf die wahren Gegebenheiten und realistische Kundenpotenziale.

---

219 Vgl. China Daily (2008).

220 Vgl. World Bank (2006).

221 Vgl. z. B. VOA News [China 2006].

222 Vgl. VOA News [China 2006]; IMF (2006).

223 Vgl. o. V. [Einkommenskluft 2006].

224 Vgl. China Daily (2007).

225 1,3 Milliarden ist die offizielle Einwohnerzahl, aber nach einem internen Bericht der Pekinger Akademie für Sozialwissenschaften von 2001 betrug die Bevölkerungszahl schon damals bereits mindestens 1,52 Milliarden Menschen. Vgl. Kolb (2003), S. 246.

Chinas Binnenmarkt ist kein durchgehend homogener Markt. Kundenpotenziale existieren nur in jenen Landesteilen beziehungsweise in jenen Bevölkerungsschichten, in denen die Kaufkraft entsprechend hoch ist; und es ist die städtische Bevölkerung in den Küsteregionen, die zum größten Teil von der Öffnung und Modernisierung der chinesischen Wirtschaft profitiert. In diesen Landesteilen entsteht eine Mittelschicht mit zahlungskräftigen und kauflustigen Kunden. Nach einer Schätzung von McKinsey gehörten bereits Ende 2003 in China rund 48 Millionen Haushalte zur Mittelschicht.[226] Diese Haushalte verfügten jährlich über 3.000 US$.[227] Gleichzeitig hat Chinas regional ungleicher Wirtschaftsboom auch etwa 236.000 Dollarmillionäre hervorgebracht.[228] Nur jene, die Mittel- und Oberschicht, sind gegenwärtig potenzielle Autokunden[229] in China. Ihre Kaufkraft, ihre Einkommensentwicklung ist der maßgebliche Schlüsselfaktor des Einflussbereiches Kundenpotenziale.

3.2.3.4.2 Fortschreibung von Entwicklungstendenzen in die Zukunft

Kombiniert mit Annahmen über das künftige Wirtschaftswachstum und unter Berücksichtigung der regionalen und strukturellen Unterschiede bei der Entwicklung der verfügbaren Einkommen in China sind folgende künftige Ausprägungen im Einflussbereich *Kundenpotenziale* denkbar:

---

226 Zurzeit gibt es keine genaue einheitliche Definition von Mittelschicht im chinesischen Kontext und auch keine offiziellen statistischen Daten über deren Größe. Die Bandbreite schwankt von 35 Millionen bis hin zu über 75 Millionen Menschen. Vgl. Epoch Times (2004); China Daily (2004).

227 Vgl. Erling (k. A.)

228 Vgl. Frankfurter Rundschau (2005).

229 Über die Erschwinglichkeit eines Privat-Pkw in China existiert keine einheitliche Meinung. Mercer identifiziert ein jährliches Mindest-Einkommen von umgerechnet 7.400 US$, damit sich ein Haushalt in China einen Pkw leisten kann. Andere Quellen hingegen erklären, dass auch schon für Haushalte mit einem Jahreseinkommen ab 4.000 US$ ein Personenfahrzeug erschwinglich sei. Vgl. Mercer Management Consulting (2004); Jia Changtao (2003).

Mögliche künftige Ausprägungen im Einflussbereich *Kundenpotenziale* im Jahr 2015	
Wirtschaftswachstum und Entwicklung der verfügbaren Einkommen[230]	
Alternative 1	Das durchschnittliche Wirtschaftswachstum in China beträgt weniger als 5%[231] bis zum Jahr 2015. Das durchschnittlich verfügbare Einkommen verbessert sich kaum.
Alternative 2	Das durchschnittliche Wirtschaftswachstum in China beträgt bis zum Jahr 2015 zwischen 5 und 7% per anno. Die Wohlstandsentwicklung geht vor allem in den Städten voran. Einkommensunterschiede zwischen Küstenregionen und Landesinnerem bleiben bestehen.
Alternative 3	Das durchschnittliche Wirtschaftswachstum in China beträgt bis zum Jahr 2015 über 7%[232] per anno. Die rasante Wirtschaftsentwicklung hält ihren Siegeszug von den Küsteregionen bis ins Landesinnere. Der Konsummarkt floriert. Neben der städtischen Bevölkerung verfügt nun auch die ländliche Bevölkerung zunehmend über Kaufkraft und besitzt Kundenpotenziale für die Autoindustrie.

---

230 Aufgrund der unterschiedlichen Expertenmeinungen über Kaufkraft sowie Erschwinglichkeit eines Pkw wurde bei der Beschreibung der Einkommensentwicklung auf Zahlen verzichtet.

231 Die Abteilung DB Research der Deutschen Bank hat im Rahmen einer „Formel-G"-Studie prognostiziert, dass das BIP-Wachstum in China im Zeitraum von 2006 bis 2020 durchschnittlich 5,2% pro Jahr betragen wird. Vgl. DB Research (2005). Hier wird der Wert 5% als untere Grenze übernommen.

232 Chinas Wirtschaft muss nach Expertenmeinung jährlich um mindestens 7% wachsen, um für die aus Staatsbetrieben Entlassenen, die Abermillionen von Landflüchtigen und die Berufseinsteiger genügend Arbeitsplätze zu generieren. Vgl. The New York Times [Investment 2005]. Ich orientiere mich hier an dieser Zahl und habe entsprechend 7% als „Scheidepunkt" gewählt.

3.2.3.5 Distribution im Automobilhandel

Da Personenfahrzeuge jahrzehntelang als „bourgeoise Luxusgüter“ nicht zugänglich für private Konsumenten waren und vornehmlich als Dienstwagen für Unternehmen und Regierungskader dienten, stecken die Vertriebssysteme des chinesischen Automobilmarkts noch in den Kinderschuhen.

Tabelle 10: Die Anzahl der Händlerstützpunkte ausgewählter Automobilhersteller in China (Stand: Januar 2005)

Sino-ausländische Gemeinschaftsunternehmen		**Rein chinesische Automobilhersteller**	
FAW-VW	690	Geely	700
SAIC-VW	550	Hafei	500
SAIC-GM	526	Brilliance	213
SEM-Yulon	490	Chery	200
Chang'an-Suzuki	370		
GAIC-Honda	180		
NAIC-Fiat	141		
BAIC-Hyundai	100		
DMC-Nissan	90		
Chang'an-Ford	25		

Darstellung in Anlehnung an: Automobilwoche [Träume 2005].

Die durch JV geprägte Branchenstruktur spiegelt sich in der Machtverteilung innerhalb der Distributionssysteme wider.[233] Auch ihre Distributionsaktivitäten dürfen ausländische Automobilunternehmen lediglich über Gemeinschaftsunternehmen mit chinesischen Partnern steuern.[234] China hatte im Zuge des Beitritts zur WTO zwar die Absicht beteuert, dass Konzerne aus Ländern der Europäischen Union, die über JV in der Automobilherstellung in China tätig sind, ab dem Folgejahr 2002 die Freiheit haben sollten, 100-prozentige Tochtergesellschaften für die Distribution zu gründen,[235] doch die

[233] Vgl. o. V. [Automobildistribution 2003]; Goldman Sachs (2003), S. 24.

[234] Vgl. o. V. [Automobildistribution 2003]; Li Ling (2004); China Economic Times (2005).

[235] Vgl. o. V. [Automobildistribution 2003].

tatsächlichen Maßnahmen der Regierung bleiben weiter hinter diesem Versprechen zurück. Deshalb hatten die ausländischen Konzerne bislang keine andere Wahl, als mit ihren JV-Partnern für die Produktion auch gemeinsame Distributionsunternehmen zu gründen.

VW betreibt z. B. zwei Distributionsgemeinschaftsunternehmen mit SAIC und FAW, obwohl die Produkte beider Partner dieselbe Marke, eben „Volkswagen", tragen. Auch Toyota hat neben der Produktionsgemeinschaft mit FAW im September 2003 noch ein extra Distributionsunternehmen mit FAW gegründet.[236] Die Anteilsverteilung (FAW: 51%; Toyota: 49%)[237] ermöglicht FAW, nicht nur beim Vertrieb von gemeinsam in China produzierten Wagen mit Toyota auf gleicher Augenhöhe zu stehen, sondern auch Verkaufserlöse durch Toyotas Wagen-Importe nach China abzuschöpfen.[238]

Im für eine Konsolidierung der chinesischen Automobilindustrie maßgeblichen Einflussbereich *Distribution im Automobilhandel* lassen sich keine klar voneinander trennbaren Schlüsselfaktoren identifizieren. Wir betrachten in Folge deshalb den Einflussbereich als Ganzes und richten unseren Blick auf die Vertriebsstrukturen.

3.2.3.5.1 Vertriebsstrukturen

Effektive Distributionssysteme der chinesischen Automobilindustrie sind noch in der Entstehung begriffen. Zurzeit sind primär drei Vertriebsformen für Autos in China in Anwendung:

(1.) Niederlassungen von exklusiven Vertragshändlern der Automobilunternehmen, in China so genannte S-Shops.[239] Je nach Funktion der Niederlassungen werden sie als „2S", „3S" oder „4S" kategorisiert. Ein „4S-Shop" zum Beispiel steht für **S**ales, **S**ervices, **S**pare parts und **S**urvey. Da Aufbau und Betrieb einer solchen Niederlassung zwar stets mit besonderen Anforderungen des Automobilherstellers einhergehen, sich aber die Automobilhersteller in China in der Regel nicht an solchen Investitionen beteiligen, ist diese Vertriebsform der exklusiven Vertragshändler nicht weit verbreitet[240]: Im Jahr 2005 gab es in China über 35.000 Vertriebsbetriebe aller Art zum Verkauf von Fahrzeugen, darunter

---

[236] Vgl. Toyota (China) website [1].

[237] Vgl. Wang Qiufeng (2005).

[238] Vgl. o. V. [Automobildistribution 2003].

[239] Vgl. Li Ling (2004).

[240] Vgl. China Economic Times (2005).

waren 21% offizielle Vertragshändler mit Lizenzen der jeweiligen Automobilhersteller.[241]

(2.) Auto-Supermärkte hingegen sind eine übliche Vertriebsform in China. Hier werden mehrere Marken gleichzeitig verkauft.[242] Die Automobilhersteller können keine Kauflizenzen an solche Auto-Supermärkte vergeben, weil sie über keinerlei Informationen über diese Händler verfügen. Andererseits wollten sie auch gar keine Kauflizenzen vergeben, weil jene „Supermarkt-Händler" eine ständig wechselnde Markenpolitik fahren und der Handel mit mehreren, mitunter konkurrierenden Marken unter demselben Dach die Pflege eines starken Markenimages behindert.[243] Die meisten der Auto-Supermärkte beziehen die Fahrzeuge von Vertragshändlern und leben von den Differenzpreisen durch den An- und Verkauf.

(3.) Auto-Messen stellen im erweiterten Sinne die dritte Vertriebsform für Autos in China dar. Solche Messen werden z. B. von Immobilienfirmen betrieben.[244] Auf dem Messegelände treten sowohl „3S-" und „4S-Shops" lizenzierter Vertragshändler als auch zahlreiche Verkäufer mit mehreren Automarken gegeneinander an.[245] Die Auto-Messen selber konzentrieren sich auf Bereiche wie Zulassungsservice, Versicherung, Autofinanzierung und dergleichen. Landesweit gibt es zurzeit 400 bis 500 Auto-Messen[246] - die zehn erfolgreichsten haben jeweils einen Jahresumsatz von über einer Mrd. RMB (ca. 120 Mio. US$).[247]

Die vielfältigen Vertriebsformen der Automobilindustrie in China ermöglichen es dem Kunden, zwar beim Fahrzeugkauf bequem und wählerisch alle möglichen Vertriebskanäle abzuschöpfen, erschweren jedoch die Schaffung klarer Verhältnisse zur Absteckung von Verantwortungsbereichen auf der Verkäuferseite. Die Automobilhersteller haben kaum Überblick und Kontrolle über die Vertriebswege ihrer eigenen Marken, und die Durchsetzung einheitlicher Marketingstrategien ist unmöglich. Den Kunden wiederum mangelt es an professioneller Betreuung und Beratung.

---

241 Vgl. Automobilwoche [Träume 2005].

242 Vgl. China Economic Times (2005).

243 Vgl. China Economic Times (2005).

244 Vgl. China Economic Times (2005).

245 Vgl. China Economic Times (2005).

246 Vgl. o. V. [Vertriebsformen 2005]; o. V. [Vertriebsformen 2007].

247 Vgl. o. V. [Vertriebsformen 2005]; o. V. [Vertriebsformen 2007].

Um die Distributionssysteme der Automobilindustrie zu regulieren, hat das chinesische Handelsministerium zum 1. April 2005 die *Administration Measures on Branded Distribution of Automobile Products* (kurz: *Administration Measures*) erlassen.[248] Diese Vorschrift soll den Automobilherstellern ermöglichen, Vertragshändlersysteme zum exklusiven Vertrieb ihrer Marken in China aufzubauen. Die Automobilhersteller haben die Befugnis, die geeigneten Vertragshändler für den Verkauf eigener Marken auszusuchen und Niederlassungen für bestimmte Gebiete zuzuweisen.[249]

Die Vertragshändler verpflichten sich dazu, Kundendienstleistungen anzubieten, bestimmte Standards einzuhalten und keine konkurrierenden Automobilmarken in einem gemeinsamen Verkaufslokal feilzubieten.[250] Im Gegenzug garantieren die Hersteller den Händlern die exklusive Belieferung mit Autos und Originalersatzteilen.[251]

Diese Vorschrift wird von euphorischen Beobachtern als Absicht der chinesischen Regierung gedeutet, nicht nur die Vertriebsformen und -kanäle zu regulieren, sondern auch den Verbraucherschutz im Automobilbereich in China zu etablieren.[252] Allerdings stehen die Kernpunkte der *Administration Measures* genau dem aktuellen Trend der Reform von Vertriebsformen auf internationaler Ebene entgegen.

Die neue Gruppenfreistellungsverordnung für Vertriebs- und Kundendienstvereinbarungen über Kraftfahrzeuge 1400/02 (Kfz-GVO) der EU-Kommission z. B. gilt seit 1. Oktober 2005 europaweit.[253] Danach dürfen Händler in der EU Fahrzeuge mehrerer Hersteller gleichzeitig vertreiben.[254] Der Gebietsschutz für Autohändler wurde auch aufgelöst: Händler dürfen fortan grenzüberschreitend in der gesamten EU tätig werden. Der Verkauf von Autos über das Internet oder in Supermärkten ist flächendeckend zugelassen.[255] Die Pflicht der Vertragshändler, eigene Werkstätten zu betreiben, entfällt in Europa ebenfalls.[256] Die EU-Kommission hat mit dieser

---

248 Vgl. MOFCOM (2005); Li Ling (2004).

249 Vgl. Chen Haisheng (2004); o.V. [Handelsministerium 2005].

250 Vgl. Chen Haisheng (2004); o.V. [Handelsministerium 2005].

251 Vgl. Chen Haisheng (2004); o.V. [Handelsministerium 2005].

252 Vgl. o.V. [Vertriebsformen 2005].

253 Vgl. Zielke/Preißner/Wierich (2002).

254 Vgl. Zielke/Preißner/Wierich (2002).

255 Vgl. Zielke/Preißner/Wierich (2002).

256 Vgl. Zielke/Preißner/Wierich (2002).

neuen GVO eindeutig ihre Absicht gezeigt, zusätzliche Vorteile für den mündigen Autokäufer zu generieren sowie Monopolstellungen im Autovertrieb aufzulösen und Möglichkeiten für einen freieren Wettbewerb zu schaffen.[257]

Während die EU-Kommission mit der neuen GVO den Vertrieb von Fahrzeugen wieder vielfältiger gestalten möchte, versucht die chinesische Regierung mit ihren *Administration Measures* dem einheimischen Automobilmarkt die Vielfältigkeit zu nehmen und eine „Konzentration" zu erreichen. Was sind die Beweggründe der chinesischen Regierung hierfür?

Vor dem WTO-Beitritt Chinas waren die Distributions- und Servicebereiche der Automobilindustrie für ausländisches Kapital nicht geöffnet.[258] Im Rahmen von WTO-Abkommen verpflichtete sich China, sukzessive innerhalb von drei Jahren, also bis Ende 2004, den Handel sowie den Servicemarkt der Automobilbranche zu öffnen.[259] Ausländische Service- und Handelsunternehmen dürfen sich nunmehr im Handel, in der Distribution sowie im Import und Export von Automobilprodukten auf dem chinesischen Markt betätigen.[260]

Es wäre nicht allzu abwegig, zu vermuten, dass die chinesische Regierung mittels der *Administration Measures* den Prozess der Entstehung eines robusten Netzwerks zur Fahrzeugdistribution in der nachgelagerten Wertschöpfungskette der Automobilindustrie beschleunigen möchte. Im Zuge des „Ausscheidungswettkampfes" zwischen den einheimischen Vertriebsbetrieben sollen die Stärkeren zu exklusiven Vertragshändlern der Automobilunternehmen aufsteigen bzw. ihre Positionen als Vertragshändler festigen. Das Risiko des Scheiterns zahlreicher kleiner, finanziell schwacher einheimischer Distributionsbetriebe nimmt die Regierung bewusst in Kauf. Mittels einer gesteuerten Konsolidierung und Konzentration möchte sie den Vertrieb und die Distribution als wichtigen Bestandteil der nationalen Automobilindustrie im Vorfeld eines massiven Markteintritts und damit verbundenen Wettbewerbdrucks durch ausländische Distributions- und Handelsunternehmen stärken.

---

[257] Vgl. Zielke/Preißner/Wierich (2002); Woltermann/Weller/Jendrek/Breyer (2004).

[258] Vgl. o. V. [Automobildistribution 2003].

[259] Vgl. o. V. [Automobildistribution 2003].

[260] Vgl. o. V. [Automobildistribution 2003].

3.2.3.5.2 Fortschreibung von Entwicklungstendenzen in die Zukunft

Vor dem Hintergrund der beschriebenen Lenkungsmanöver der Regierung und unter Berücksichtigung des aktuellen Zustands von Vertrieb und Distribution für Automobilprodukte in China sind folgende Entwicklungstendenzen des Einflussbereiches denkbar:

Mögliche künftige Ausprägungen des Einflussbereichs *Distribution im Automobilhandel* im Jahr 2015	
Alternative 1	Der Wunsch der Regierung, vor dem Markteintritt und der „Investitionsinvasion" ausländischer Service- und Handelsunternehmen ein eigenes, starkes Vertriebsnetz für die Automobilindustrie aufzubauen, ist bis 2015 nicht in Erfüllung gegangen. Gemäß der WTO-Abkommen hat China sukzessive den Handel sowie den Servicemarkt im Automobilsektor vollständig geöffnet. Ausländische Service- und Vertriebsunternehmen dominieren den Markt und erzielen große Erfolge in China. Im Wettbewerb wurden viele einheimische Vertriebsorganisationen vom Markt gedrängt.
Alternative 2	Nach mehreren Regulierungs- und Optimierungsschüben, die durch Vorschriften der Regierung befördert wurden, sind bis 2015 starke einheimische Distributionsunternehmen als exklusive Vertragshändler an der Seite der Automobilhersteller entstanden. Bis die einheimischen Vertriebsunternehmen diese Stärke erlangten, hatte es die chinesische Regierung geflissentlich hinausgezögert, ihren Verpflichtungen im Rahmen von WTO-Abkommen nachzukommen. Die ausländischen Service- und Handelsunternehmen dürfen sich bis 2015 und darüber hinaus zwar im Automobilsektor in China betätigen, sie stellen aber keine Gefahr mehr für die in den Vorjahren protegierten einheimischen Vertriebsorganisationen dar. 2015 herrscht ein gesunder Wettbewerb auf dem Markt: Einheimische und ausländische Vertriebsorganisationen konkurrieren miteinander.
Alternative 3	------

3.3. Szenariobildung: Szenarien der Konsolidierung der chinesischen Automobilindustrie im Jahr 2015

3.3.1 Zusammenfassung in sich stimmiger Annahmebündel

Die Entwicklungsalternativen der für eine Konsolidierung der chinesischen Automobilindustrie bis 2015 maßgeblichen Einflussbereiche werden nun noch einmal stichwortartig aufgeführt und zugleich in stimmigen Annahmebündeln zusammengefasst.

	Alternative 1	**Alternative 2**	**Alternative 3**
Politik und Gesetzgebung der chinesischen Regierung zur Steuerung und Kontrolle der Automobilindustrie im Jahr 2015			
Einstellung zur nationalen Automobilindustrie	Ernüchterung: Keine Ambitionen mehr zum Aufbau einer eigenständigen Automobilindustrie.	Die Regierung bleibt auf Kurs und treibt den Aufbau einer eigenständigen Automobilindustrie weiter voran.	
Investitionspolitik	Keine Investitionsbeschränkungen mehr.	Die Regierung hält trotz internationalen Drucks an der „50:50-Vorschrift" für Joint Venture fest und versteht es, zu verhindern, dass ausländische Konzerne die Kontrolle über die Autoindustrie in China erlangen.	
Forschungs- und Entwicklungspolitik	Keine bindenden Vorschriften mehr, F&E zu betreiben.	Bindende Vorschriften, ein gewisses Maß an F&E zu betreiben.	Bindende Vorschriften, ein extensives Maß an F&E zu betreiben.
Regulative Gestaltung der Zulieferindustrie	Keine Interventionen seitens der Regierung und keine beschränkende Vorschriften für ausländische Unternehmen.	Gezielte Unterstützung der chinesischen Zulieferindustrie.	Starke Kontrolle seitens der Regierung und beschränkende Vorschriften für ausländische Unternehmen.

	Alternative 1	Alternative 2	Alternative 3
Regulative Gestaltung des Fahrzeug- und Lieferteilexports	Ermutigung ausländischer Unternehmen zum Export aus China.	Unterstützung einheimischer Unternehmen beim Export.	
Leistungsfähigkeit der einheimischen Zulieferindustrie im Jahr 2015			
Forschung und Entwicklung	Sehr begrenzte F&E-Fähigkeiten.	Eigenständige F&E im Kleinwagenbereich.	Reife Technologien auf Weltniveau, außer im Premiumbereich
Außenhandel	Internationale Zulieferer dominieren den Export aus China.	Chinesische Zulieferer sind als Partner der ausländischen Zulieferer in der Globalbeschaffung aktiv.	Lieferteile chinesischer Firmen überschwemmen den Weltmarkt.
Leistungsfähigkeit der einheimischen Automobilhersteller im Jahr 2015			
Forschung und Entwicklung	Keine eigenen Kerntechnologien.	Kerntechnologien im Kleinwagen-Segment.	Reife Technologien für den gesamten Fahrzeugbau.
Außenhandel	Begrenzte Exportfähigkeit aufgrund mangelnder Technologien und Qualität.	Weltführer im Kleinwagenexport.	Chinesische Pkw überschwemmen den Weltmarkt.

	Alternative 1	Alternative 2	Alternative 3
Kundenpotenziale im Jahr 2015			
Wirtschafts-wachstum und Entwicklung der verfügbaren Einkommen	Weniger als 5% Wachstum in den Jahren bis 2015; äußerst mäßige Entwicklung der verfügbaren Einkommen.	Wachstum von 5 bis 7% in den Jahren bis 2015; ungleiche Entwicklung der verfügbaren Einkommen; Kundenpotenziale gibt es vor allem weiter in den Städten.	Wachstum von über 7% in den Jahren bis 2015; die verfügbaren Einkommen steigen gleichmäßig; landesweite Kundenpotenziale.
Distribution im Automobilhandel im Jahr 2015			
Vertriebs-strukturen	Ausländische Vertriebsorganisationen dominieren den chinesischen Markt.	Einheimische Vertriebsorganisationen haben die Kontrolle über die Distributionskanäle.	

Diese alternativen Ausprägungen in den verschiedenen Einflussbereichen werden nun in drei Szenarien gebündelt, um die möglichen Tendenzen des Konsolidierungspfads darzustellen.

3.3.2 Formulierung sachlogischer und konsistenter Zukunftsbilder

3.3.2.1 Szenario A: „A Dinosaur Made of Paper"

„Der Beitrag unseres Partners Dongfeng Automotive für das Joint Venture hinsichtlich des operativen Geschäfts sowie des Managements ist null!"
Nissan-CEO Carlos Ghosen auf der Internationalen Automobilausstellung in Tokio im Oktober 2003[261]

Die chinesische Regierung hat im Laufe der Jahre bis 2015 umgeschwenkt und fährt nun, die Automobilindustrie betreffend, einen liberaleren Kurs. Die Gründe für den Sinneswandel waren vielschichtig. Die Kritik auf internationaler Ebene, China profitiere zu sehr von der Weltwirtschaft, mache aber selbst zu wenig Zugeständnisse, öffne seine Märkte nicht nachhaltig genug und greife zu planwirtschaftlich in das Geschehen ein, war immer lauter geworden. Schon bei den WTO-Verhandlungen in Hongkong im Dezember 2005 machte beispielsweise die europäische Strategiegruppe „CARS 21" deutlich Druck und stellte Forderungen an die chinesische Regierung. Dieser Druck wurde bis 2015 auf allen Ebenen der internationalen Zusammenarbeit immer stärker.

Als noch maßgeblichere Beweggründe, die Automobilbranche schließlich zu liberalisieren, erwiesen sich für die Regierung allerdings ein unzureichendes Wirtschaftswachstum sowie eine mäßige Kaufkraftentwicklung im eigenen Lande. Um ihren Modernisierungskurs einigermaßen halten zu können, blieb der Regierung nichts anderes übrig, als auf eine noch stärkere Anteilnahme durch internationale Unternehmen zu setzen. Sie musste Investitionsbeschränkungen fallen lassen und ihre ständigen Interventionen zugunsten der chinesischen Hersteller und Zulieferer zurückfahren.

Das Land braucht ein robustes Wirtschaftswachstum, um die immensen sozialen Spannungen, die zum Beispiel durch Massenarbeitslosigkeit wegen Schließungen maroder Staatsbetriebe, eine Landflucht von möglicherweise 300 Millionen Menschen bis zum Jahr 2020[262] sowie ein extremes Stadt-Land-Gefälle bei der Wohl-

---

[261] Vgl. o. V. [Endzeit 2005].

[262] Vgl. The New York Times [Tidal 2004].

standsentwicklung hervorgerufen werden, unter Kontrolle zu halten. Durch rigide Lenkungsmanöver gelang es der Regierung jedoch nicht, in den Jahren bis 2015 ein laut Expertenmeinung nötiges durchschnittliches Wirtschaftswachstum von mindestens 5 bis 7%[263] zustande zu bringen. Das Wachstum blieb unter durchschnittlichen 5% pro Jahr. Deshalb setzt sie auf Liberalisierung und erhofft sich dadurch Wachstumsimpulse.

Die Regierung strebt 2015 zwar immer noch danach, durch die Hilfe von ausländischen Unternehmen den Technologiestand und das Know-how der heimischen Unternehmen zu verbessern und eine starke nationale Automobilindustrie aufzubauen, diesbezügliche Ambitionen sind jedoch einer sachbezogenen Ernüchterung gewichen. Die Zielsetzung der Entwicklung der Automobilindustrie in China liegt nun primär darin, Arbeitsplätze im Inland zu generieren sowie die Staatseinnahmen zu erhöhen.

In diesem Sinne wurde die Beschränkung der ausländischen Auto-Produktion auf Joint Ventures mit der Zeit aufgehoben beziehungsweise hat 2015 keine tatsächliche Wirkung mehr und andere Investitionsformen werden geduldet. Die traditionellen JV mit 50:50-Anteilen zwischen chinesischen und ausländischen Partnern lösen sich allmählich auf. Ausländische Automobilkonzerne erlangen die Kontrolle über die Gemeinschaftsunternehmen. Sie können ihr Know-how und ihre Technologien so besser beschützen. Der Technologiestand der chinesischen Automobilhersteller hat sich zwar im Vergleich zu vor zehn Jahren verbessert, aber die Rückständigkeit von Chinas Autoindustrie im Vergleich zum westlichen „state-of-the-art" ist im Jahr 2015 weiterhin enorm.

Da die chinesische Regierung nun einen liberaleren Kurs fährt und die internationalen Automobilkonzerne nicht mehr mittels Vorschriften und Regulierungen zwingt, Technologien nach China zu transferieren und Know-how an die chinesischen Partner weiterzugeben, ist der Technologietransfer nach China in der Automobilbranche beinahe zum Stillstand gekommen. Um die Standorte in der Heimat in Europa, Amerika, Japan und Südkorea und den eigenen Wissens- und Verfahrensvorsprung zu schützen, lassen die Autokonzerne F&E hauptsächlich „zu Hause" betreiben.

Die internationalen Automobilunternehmen können so in China ohne ernstzunehmende chinesische Konkurrenz die Potenziale der billigen Arbeitskräfte voll ausschöpfen und sich in den Wachstumsmärkten Ostasiens positionieren. Sie produzieren in China die

---

[263] Vgl. FAZ [Wachstum 2004]; Handelsblatt [SARS 2003].

Wagenmodelle erneut, die sie komplett außerhalb des Landes entwickelt haben. Sie haben in China effiziente Beschaffungsnetzwerke mit langjährigen und bewährten internationalen Zulieferern aufgebaut, die in China genau so wie im Rest der Welt funktionieren. Dies führte dazu, dass dem landestypischen Protektionismus sowie der Vetternwirtschaft in der Beschaffung der Nährboden entzogen wurde: Ineffiziente chinesische Zulieferer müssen nicht mehr berücksichtigt und in die Beschaffungsnetzwerke eingebunden werden. Die chinesischen Zulieferer wären aber auch gar nicht in der Lage, die Produktion der internationalen Automobilunternehmen maßgeblich zu unterstützen, weil sie von Anfang an nicht an der F&E für die entsprechenden Wagenmodelle und Fahrzeugtechnik teilgenommen haben.

Die chinesische Zulieferindustrie hat zwar bis 2015 ihren Forschungs- und Entwicklungsstand kontinuierlich verbessert, aber wie bei den Autoherstellern ist auch hier der Rückstand zum „state-of-the-art" ausländischer Firmen unaufholbar - zumal ausländische Zulieferer bereits seit Chinas Beitritt zur WTO im Jahr 2001 keiner Investitionsbeschränkung mehr unterlagen und bis 2015 eine lange Zeit hatten, sich, für chinesische Verhältnisse gesehen, relativ frei zu entfalten.

Die ausländischen Automobilzulieferer haben 2015 bestmögliche Kontrolle über den Know-how- und Technologie-Transfer sowie die Entscheidungsmacht über das operative Geschäft fest in der Hand. Sie dominieren die Automobilzulieferbranche in China. Die dezentrale Struktur der chinesischen Zulieferer hat sich bis 2015 zwar verbessert: Zahlreiche kleine unrentable Betriebe sind inzwischen verschwunden, aber kein großer international wettbewerbsfähiger einheimischer Zuliefererkonzern ist entstanden. Die Kompetenz der verbliebenen lokalen Zulieferer beschränkt sich auf die Produktion von einfachen, arbeitsintensiven Teilen.

Ohne eine kompetente Zulieferindustrie als Rückhalt sowie aufgrund der fehlenden Technologien und Produktionserfahrungen können viele chinesische Automobilhersteller nicht aus eigener Kraft überleben. Die meisten reinen chinesischen Automobilunternehmen sind deshalb bis 2015 entweder von internationalen Automobilkonzernen komplett aus dem Markt gedrängt worden und mussten aufgeben oder sie wurden aufgekauft. Die internationalen Automobilkonzerne dominieren nunmehr nicht nur den chinesischen Binnenmarkt mit ihren Automarken, sondern manche von ihnen auch den Export von China aus.

Die Exportfähigkeit der wenigen verbliebenen einheimischen Automobilhersteller ist sehr begrenzt. Lediglich einige exportieren Fahrzeuge mit einfacher Technikausstattung.

Das unzureichende Wirtschaftswachstum und die mäßige Kaufkraftentwicklung verringerten bis 2015 jedoch nicht nur die Überlebenschance der einheimischen Automobilhersteller, sondern verschärften auch den Wettbewerb zwischen den internationalen Automobilkonzernen in China. Kundenpotenziale entwickelten sich bis 2015 nur suboptimal und blieben vorwiegend auf die städtischen Boomregionen an der Küste beschränkt. Die außerplanmäßig niedrige Nachfrage nach Autos, Überkapazitäten in der Produktion und ruinöse Preisschlachten verursachten bei einer Reihe von internationalen Autokonzernen kontinuierlich enorme Verluste. Einige Hersteller haben deshalb bis 2015 China als Produktionsstandort und/oder Absatzmarkt aufgegeben.

WTO-Abkommen folgend hat China bis 2015 sukzessive den Handel sowie den Servicemarkt für Automobilien vollständig geöffnet. Kompetente ausländische Service- und Vertriebsunternehmen erzielen große Erfolge in China. Im Vergleich dazu fehlen den einheimischen Distributionsorganisationen die langjährigen Erfahrungen, auch mangelt es ihnen an der gegenseitigen Unterstützung und Vernetzung und dem befruchtenden Zusammenspiel mit einheimischen Automobilherstellern. Zahlreiche chinesische Distributionsorganisationen mussten aufgeben und wurden aus dem Markt gedrängt.

Kurze Zusammenfassung des Szenarios A

Bis zum Jahr 2015 geschieht eine Konsolidierung der Automobilindustrie in China basierend auf einer Liberalisierung aufgrund volkswirtschaftlicher und gesellschaftspolitischer Notwendigkeiten sowie einer wettbewerbsbedingten Marktbereinigung **zu Ungunsten der chinesischen Automobilbranche**. Die JV-Landschaft hat sich gewandelt. Ausländische Unternehmen mit dem längsten Atem dominieren die komplette Wertschöpfungskette der chinesischen Automobilindustrie - von der Beschaffung über die Produktion bis hin zur Distribution.

3.3.2.2 Szenario B: „Balanced Division of Power"

„Asked which automaker will win China,
more than one analyst or accountant
says simply, 'China will win'".

Forbes[264]

Der Aufbau einer eigenständigen Automobilindustrie bleibt auch in den Jahren bis 2015 und darüber hinaus das langfristige strategische Ziel der chinesischen Regierung. Mittels Vorschriften, Regulierungen und Subventionen setzt die Regierung alles daran, die Aktivitäten der einheimischen und internationalen Automobilunternehmen so zu steuern, dass die Entwicklung einer eigenen nationalen Autoindustrie maximal begünstigt wird. Dabei kann das Regime langen Atem beweisen, weil sich das Wirtschaftswachstum bis 2015 obgleich moderater gestaltet, aber immer noch bei durchschnittlichen 5 bis 7% per anno liegt. Bei der Wohlstandsentwicklung besteht zwar weiterhin ein Stadt-Land-Gefälle, aber die Kaufkraft einer wachsenden städtischen Mittelschicht hat sich bis 2015 stetig vergrößert und Kundenpotenziale sowohl für einheimische Kleinwagen als auch für Pkw-Produkte aus der sino-ausländischen JV-Produktion geschaffen.

China gilt 2015 weiterhin als einer der attraktivsten Märkte für Automobilprodukte. Dessen sind sich sowohl die ausländischen Unternehmensleitungen als auch die chinesische Regierung bewusst. Vor diesem Hintergrund kann die Regierung an ihrer Strategie „Markt gegen Technologie" festhalten. Sie hat in den bereits mehrfach erwähnten zwei „Richtlinien zur Entwicklung der nationalen Automobilindustrie" von 1994 und 2004 deutlich gemacht, dass sie die Automobilindustrie als eine Schlüsselindustrie für Chinas Aufstieg betrachtet. Schon in den Vorentwürfen zum 11. Fünfjahresplan (2006–2010) im Jahr 2005 wurde das Ziel, das Land zur drittwichtigsten Automobilnation der Welt zu machen, explizit geäußert;[265] und bereits ein Jahr später hatte man dieses Ziel übertroffen: 2006 war China mit einer Fahrzeugproduktion von 7.279.700 Einheiten zur zweitgrößten Autonation hinter den USA aufgestiegen und behielt diesen Spitzenplatz auch 2007 (8.882.400 Einheiten).[266]

---

264 Vgl. Forbes (2003).

265 Vgl. Fourin China Auto Weekly, 12. Dezember 2005.

266 Vgl. o. V. [Produktion 2007]. o. V. [Produktion 2008]; o. V. [Acht Millionen 2008]. Das Land war bereits 2005 für ein Fünftel der weltweiten

Deshalb wird die Regierung im Falle einer für ausländische Investoren solch attraktiven Marktentwicklung mit großen Kundenpotenzialen bis 2015 und darüber hinaus, niemals zulassen, dass nichtchinesische Konzerne die Macht über die nationale Automobilindustrie erlangen. Sie hält trotz internationalen Drucks und steter Empörung, etwa bei WTO-Verhandlungen, an der Beschränkung der ausländischen Autoproduktion in China auf JV und der „50:50-Vorschrift" fest und/oder versucht durch andere Vorschriften den Know-how-Transfer weiter zu forcieren. Die JV bleiben Mittel zum Zweck, um Chinas eigene Industrialisierung voranzutreiben.

Mit Hilfe von Vorschriften und Regulierungen werden maßgebliche Mitbestimmungsrechte und Entscheidungsbefugnisse der chinesischen JV-Partner gewährleistet. Jedes ausländische Automobil- sowie Zulieferunternehmen muss 2015 nach wie vor eine Forschungseinrichtung unterhalten. Durch weitere Gesetze und „Belohnungsanreize" zum Beispiel steuerlicher oder zolltariflicher Art werden die ausländischen Hersteller und Zulieferer zusätzlich dazu bewogen, verstärkt Forschung und Entwicklung in China zu betreiben und Know-how ins Land zu bringen.

Da China bereits mit dem Beitritt zur WTO (2001) Investitionsbeschränkungen für die Zulieferindustrie aufgehoben hatte, haben bis 2015 die meisten internationalen Automobilzulieferer entweder 100-prozentige Tochtergesellschaften in China gegründet oder durch eine Mehrheitsbeteiligung in Gemeinschaftsunternehmen die tatsächliche Kontrolle über das Chinageschäft übernommen. Die chinesische Regierung war sich indes dieser Tatsache bewusst. Sie unterstützte deshalb erst recht und gezielt bestimmte einheimische Zulieferer mit enormen Finanzmitteln im Rahmen von Forschungskooperationen mit ausländischen Zulieferunternehmen und beim Aufbau von Forschungsinstituten sowie bei der weltweiten Akquisition von Know-how und Technologien.

Im Zuge dessen mussten zahlreiche unrentable Zulieferbetriebe schließen. 2015 florieren vornehmlich jene Zulieferfirmen die enge Verbindungen mit den wichtigsten chinesischen Automobil-

---

Umsatzsteigerungen im Automobilgeschäft verantwortlich. Für 2006 prognostizierte die CAIA ein erneutes Wachstum des chinesischen Automarktes um 10 bis 15% und eine Absatzmenge von 6,4 bis 6,6 Millionen Fahrzeugen - tatsächlich waren es dann rund 7.22 Millionen abgesetzte Fahrzeuge. Damit war China 2006 auch schon der zweitgrößte Automarkt der Welt. Vgl. o. V. [SEM 2007]; China Economic Net (2006); Reuters [Zweitgrößter Automarkt 2006]; Reuters [General Motors 2006]; Shanghai Daily [Auto sales 2006]; People's Daily [China stands 2006].

herstellern pflegen - also solche Zulieferer, die entweder 100-prozentige Töchter der Hersteller sind oder an denen die Hersteller maßgeblich beteiligt sind. Durch die gegenseitige Unterstützung in Form von Kapitalaustausch und Forschungskooperationen sind starke Synergieeffekte entstanden, wodurch jeweils beide Seiten ihre Marktstellung bis 2015 festigen und ausbauen konnten.

So ist die Kompetenz der rein chinesischen Zulieferer bis 2015 rapide gewachsen. Sie sind zwar noch nicht in der Lage in allen Bereichen mit den mächtigen ausländischen Zulieferern auf internationaler Ebene zu konkurrieren, aber fähig, qualitativ hochwertige Kernkomponenten für die Produktion im Kleinwagensegment in Eigenregie zu entwickeln und herzustellen. Zusammen mit jenen chinesischen Zulieferern, die noch als JV-Partner an der Seite von internationalen Automobilzulieferern tätig sind, nehmen sie aktiv an der globalen Beschaffung teil. Automobillieferteile sowohl aus der JV-Produktion als auch aus der komplett chinesischen Herstellung werden in großen Mengen exportiert. In anderen Segmenten jedoch dominieren 2015 weiterhin die ausländischen Zulieferer mit ihrem Know-how den chinesischen Binnenmarkt und die internationalen Märkte.

Die Entwicklung einer kompetenten Zulieferindustrie begünstige den Aufbau ebenso fähiger chinesischer Automobilhersteller. Wie bereits erwähnt, konnte die Regierung bis 2015 aufgrund einer attraktiven Marktentwicklung bestimmte Investitionsbeschränkungen für internationale Autoproduzenten aufrechterhalten, aber sie konnte nicht ausdrücklich von den „Automobilriesen" verlangen, dass sie ihre neusten Technologien freiwillig an ihre chinesischen JV-Partner transferieren und auch nicht dazu, „state-of-the-art"-Wagenmodelle in China zu produzieren.

Die Regierung beschloss deshalb, sich im Zuge des Aufbaus einer eigenständigen nationalen Automobilindustrie zunächst vor allem auf die Produktion von Kleinwagen zu konzentrieren, parallel zur oben genannten Kompetenzförderung der Zulieferbranche ebenfalls in diesem Segment. Zudem fuhr die Regierung fort, durch eine Mehr-Partner-Strategie der chinesischen Seite den künstlichen Wettbewerb unter allen internationalen Automobilkonzernen innerhalb der „JV-Landschaft" weiter zu forcieren. Das beschleunigte den Technologietransfer zu Gunsten Chinas - wer mehrere ausländische Partner gleichzeitig hat, kann diese gegeneinander ausspielen und Forderungen stellen.

Auf der anderen Seite setzte die Regierung auch alles daran, die JV-Landschaft der „Kreuzbeteiligungen" zu chinesischen Gunsten zu brechen. Nur Chinas Industrie sollte von „Polygamien" ihren Nutzen ziehen dürfen. Durch geschicktes Taktieren und Störmanöver seitens der Regierung wurden bis 2015 einige „Mehrehen" ausländischer Konzerne geschieden. Letztere produzieren fortan nur noch mit einem chinesischen Partner in einem einzigen JV, während ihr chinesischer Partner in demselben JV jeweils noch mit mindestens einem weiteren ausländischen Konkurrenten kooperiert. Die chinesischen Automobilunternehmen verfügen 2015 zudem über eine Mehrmarken-Strategie und vermögen es, ihre Marktstellung zu festigen und auszubauen. Sie können sich aktiv ins operative Geschäft einmischen und unmittelbar von den Produktions- und Managementerfahrungen der ausländischen Weltkonzerne profitieren.

Als Nutznießer der JV-Landschaft, durch die enge Zusammenarbeit mit ihren Zulieferern, durch weltweite Kooperations- und Akquisitionsaktivitäten in der Fahrzeugbaubranche und mit der finanziellen Unterstützung der Regierung ist es den chinesischen Automobilunternehmen gelungen, bis zum Jahr 2015 eigene reife Technologien im Kleinwagensegment zu entwickeln und darüber hinaus in diesem Bereich weiter innovativ tätig zu sein.

Einige einheimische Automobilhersteller haben sich mit eigenen Marken bis zum Jahr 2015 nicht nur auf dem Heimatmarkt gut positioniert, sondern sind Weltmeister im Export von Kleinwagen geworden - möglicherweise auch von Montagewerken in Osteuropa aus. China wiederholt damit die Entwicklungsgeschichte Japans und Südkoreas: Chinesische Pkw erobern den Weltmarkt mit reifer Technologie, guter Qualität und günstigen Preisen.[267]

Im Jahr 2015 dominieren die internationalen Automobilkonzerne der USA, Europas, Japans und Südkoreas zwar weiter das Mittel- und Oberklassewagensegment. China setzt jedoch, aufbauend auf seinen Erfolgen im Kleinwagensegment über 2015 hinaus alles

---

267 Bereits 2005 hatten sogar einheimische Automobilhersteller ohne ausländischen JV-Partner wie Geely und Chery eigene Marken im Kleinwagensegment entwickelt und damit angefangen, diese in Schwellen- und Entwicklungsländer in Asien, Afrika und Südamerika zu exportieren. Ihre Modelle galten jedoch zunächst aufgrund der einfachen technischen Ausstattung noch nicht international konkurrenzfähig - obschon sie auf der IAA im September 2005 in Frankfurt für Furore sorgten, und ein firmeneigener Marktanalyst des staatlich kontrollierten Herstellers Chery im April desselben Jahres sogar angekündigt hatte, das Unternehmen plane eine Fahrzeugmontage in Osteuropa, die 2007 in Betrieb gehen solle. Vgl. FTD [Autobauer 2005].

daran, seinen Technologierückstand für die Produktion in höheren Wagenklassen aufzuholen.

Gleichzeitig forcierte die Regierung in den Jahren bis 2015 eine Konsolidierung der einheimischen Automobilbranche. Sie möchte die Entwicklungspotenziale und -kräfte der nationalen Industrie bündeln und gegen die ausländische Konkurrenz stärken: Durch Übernahmen und Fusionen sind größere chinesische Automobilkonzerne entstanden.

In der nachgelagerten Wertschöpfungskette - Vertrieb und Distribution - haben sich bis zum Jahr 2015 starke einheimische Distributionsunternehmen als exklusive Vertragshändler an der Seite der Automobilunternehmen entwickelt. Die chinesische Regierung hat mittels Regulierungen und Vorschriften für die Distribution von Automobilprodukten in kürzester Zeit den Aufbau von kompetenten einheimischen Händlerbetrieben und Distributionsorganisationen befördert. Dadurch vergrößert sich die Abhängigkeit der ausländischen Automobilhersteller von einheimischen Distributionsorganisationen. Dies wiederum begünstigt die Marktposition der chinesischen JV-Partner. Ausländische Service- und Vertriebsunternehmen haben zwar ebenfalls Geschäftsfelder in China erschlossen, sie stellen aber keine Gefahr für einheimische Vertriebsorganisationen dar. Gesunder Wettbewerb herrscht auf dem Markt. Kompetente einheimische und ausländische Vertriebsorganisationen konkurrieren miteinander.

Kurze Zusammenfassung des Szenarios B

Bis zum Jahr 2015 findet eine von der Regierung gezielt gesteuerte Konsolidierung der Automobilindustrie in China **zu Gunsten der chinesischen Automobilhersteller und -zulieferer** statt. Aufgrund einer stabilen volkswirtschaftlichen Entwicklung bleibt China einer der attraktivsten Automärkte der Welt, und die Regierung kann gewisse Investitionsbeschränkungen in der Autoproduktion beibehalten sowie durch andere Lenkungsmanöver einen steten Know-how-Transfer gewährleisten. Chinesische Autokonzerne dominieren das Kleinwagensegment im Binnenmarkt als auch durch Exporte die internationalen Märkte in diesem Segment. Ausländische Unternehmen mit dem längsten Atem müssen sich mit den anderen Wagensegmenten begnügen. Im Bereich der Zulieferindustrie und des Vertriebs stehen ihnen ernstzunehmende chinesische Konkurrenten gegenüber.

3.3.2.3 Szenario C: „The Dragon Awakens"

„Chinas Automobilindustrie wird
unabhängige Technologien und eigene
Weltklasse-Marken hervorbringen."
Hu Maoyuan, SAIC-Präsident[268]

China strebt nach einer starken nationalen Automobilindustrie mit eigenen Marken und Technologien. Das hat die Regierung bereits 1994 in den „Richtlinien zur Entwicklung der Automobilindustrie" klargestellt. Seither hat die Regierung beharrlich durch zahlreiche Gesetze wie die Investitionsbeschränkung für ausländische Automobilhersteller auf JV mit einer Anteilsverteilung von 50:50, Lokalisierungsvorschriften bei der Teileverwertung oder die Pflicht zum Aufbau von Forschungseinrichtungen in JV an ihrem Ziel festgehalten. Den ausländischen Automobilkonzernen hatte man die Rolle von Helfern und Lehrmeistern in Sachen Technologie und Know-how zugeschrieben.

Doch im Laufe der Jahre bis 2015 merkt die Regierung, dass ihre Strategie „Markt gegen Technologie" nicht in dem erhofften Tempo und Ausmaß zur Entstehung einer eigenständigen nationalen Automobilindustrie samt Zulieferbranche zu führen scheint. Stattdessen überschwemmen westliche Marken den chinesischen Markt. Die ausländischen Automobilkonzerne sind zwar interessiert an einer Zusammenarbeit mit chinesischen Partnern, um sich weitere Umsatzpotenziale zu erschließen, kommen aber nur halbherzig der Forderung nach Know-how-Transfer nach. Die „Think-tanks" der chinesischen Regierung brennen deshalb darauf, durch die Entwicklung neuer nachhaltiger Konzepte, dieses Problem zu lösen, besonders vor dem Hintergrund des verschärften Wettbewerbsumfeldes seit Chinas Beitritt zur WTO (2001).

Um den Entstehungsprozess einer eigenständigen nationalen Automobilindustrie zu beschleunigen und die Potenziale der internationalen Automobilhersteller maximal auszuschöpfen, ergreift die Regierung radikale Maßnahmen zur offensiven Förderung der einheimischen Unternehmen: zum Beispiel bei der Gestaltung und Implementierung des „11. Fünfjahresplans (2006–2010)" oder im Rahmen einer erneuten Novellierung der „Richtlinien zur Entwicklung der nationalen Automobilindustrie".

---

[268] Äußerung von Hu auf dem Fortune Global Forum in Peking Mitte Mai 2005. Quelle: FTD [China 2005].

Ein Teil des rigorosen Maßnahmenkatalogs in den Jahren bis 2015 könnte z. B. vorsehen, dass alle sino-ausländischen JV jährlich mindestens ein neues Modell für das jeweilige Segment, in dem dieses JV in China tätig ist, vollständig in China entwickeln sollten. Chinesische Fachleute des JV-Partners müssen jedoch von Anfang an in die Modell-Entwicklung maßgeblich und aktiv involviert werden, genauso wie chinesische Zulieferer. Die ausländischen Automobilkonzerne, die bereit dazu sind, genießen enorme staatliche Unterstützung durch Subventionen, steuerliche und zolltarifliche Begünstigungen, Ermäßigungen bei der Grundstückspacht oder bei den Energiepreisen und dergleichen. Diejenigen ausländischen Automobilunternehmen wiederum, die die obigen Voraussetzungen nicht erfüllen, werden massiv benachteiligt.

In Folge dessen verschärfte sich der Verdrängungskampf zwischen den internationalen Automobilkonzernen in China drastisch, da diese Farbe bekennen müssten sowohl hinsichtlich ihrer eigenen Fähigkeiten im Bezug auf Produkte und Technologien als auch hinsichtlich ihrer Bereitschaft, als Aufbauhilfe für eine starke, unabhängige chinesische Automobilindustrie „missbraucht" zu werden. Das Dilemma der internationalen Unternehmen in China ist offensichtlich: Einerseits möchten sie ihr Know-how und ihre Technologien beschützen, anderseits können sie nicht ignorieren, dass ihr Markterfolg in China von ihrer Bereitschaft zum Know-how-Transfer beeinflusst wird.

Selbstverständlich könnte die Regierung solch radikale Maßnahmen nur durchsetzen, wenn die chinesische Volkswirtschaft in den kommenden Jahren bis 2015 kontinuierlich und rasant mit über 7% per anno wachsen würde, es aber zu keiner Überhitzung käme. Dann blieben die Kundenpotenziale auf konstant hohem Niveau und China könnte selbst in sicherlich stets schwierigen WTO-Verhandlungen seine Standpunkte durchsetzen, weil sein Markt so attraktiv wäre, dass es sich niemand auf internationalem Parkett mit der chinesischen Regierung verscherzen wollte. Im Falle einer für China ungünstigeren volkswirtschaftlichen Entwicklung ergäben sich Anpassungszwänge für die chinesische Regierung wie sie in Szenario A und Szenario B geschildert wurden.

Nehmen wir aber an, das „chinesische Wirtschaftswunder" setzte sich bis 2015 fort, dann gehörten nunmehr Hunderte von Millionen Menschen zur Mittelschicht. Die rasante Wohlstandsentwicklung der chinesischen Bevölkerung ist wiederum das Rückgrat eines boomenden Automobilmarktes, dessen Potenziale die einheimischen Produzenten und Zulieferer aufgrund der massiven Unterstützung durch Regierungsmaßnahmen optimal ausnutzen können. Durch den Know-how-Transfer in den JV und eigene beharrliche Bemühungen um Forschung und Entwicklung sowie durch Akquisitionen von Technologien und Produktionsverfahren hat Chinas Automobilindustrie bis 2015 eine „Turbo-Modernisierung" durchlaufen - eine Entwicklung, für welche die westlichen Industrieländer inklusive Japan und Südkorea mehrere Jahrzehnte, im Grunde über ein Jahrhundert, gebraucht haben.

Es ist eine starke, unabhängige nationale Automobilindustrie, es sind chinesische „Toyotas" und „Hyundais" mit eigenen Marken und Wagenmodellen entstanden. Die Bandbreite ihrer Produkte reicht vom Kleinwagensegment bis hin zur Mittelklasse. In diesen Segmenten dominieren sie nicht nur den einheimischen Markt, sondern machen durch massive Exporte von China und von Montagewerken zum Beispiel in Osteuropa aus den alteingesessenen Autokonzernen auch auf dem Weltmarkt ernstzunehmende Konkurrenz.

Um dem heftigen Verdrängungswettbewerb in China auszuweichen, konzentrieren sich einige in China produzierende internationale Automobilhersteller nunmehr ausschließlich auf den Export in die ASEAN-Länder oder sogar (zurück) nach Europa bzw. in die USA. Nur im Bereich der gehobenen Wagenklassen haben die ausländischen Automobilhersteller 2015 weiterhin einen technologischen Vorsprung, die chinesischen Autobauer haben sich aber zum Ziel gesetzt, auch in diesem Bereich sukzessive zu expandieren.

Eine weitere Prämisse für den rasanten Aufstieg der chinesischen Autobauer wäre eine ebenso florierende chinesische Zulieferindustrie. Im Jahr 2015 müssten es im Rahmen des Szenarios C deshalb auch in der Zulieferbranche chinesische Unternehmen sein, die den einheimischen Markt dominieren. Außer im Premiumbereich hat China dann bis 2015 ein vollständiges Liefernetz aufgebaut. Große Zulieferer sind entstanden. Mit angemessener Qualität, günstigen Preisen sowie einem Technologiestand auf Weltniveau mischen die chinesischen Zulieferer auch in der Globalbeschaffung für die Automobilindustrie mit. China überschwemmt den Weltmarkt mit preiswerten und qualitativ hochwertigen Autoteilen.

Die Anzahl der Automobilhersteller in China hat sich bis zum Jahr 2015 stark reduziert, sowohl auf chinesischer als auch auf internationaler Seite. Die ausländischen JV-Partner, die nicht bereit sind, gemäß den Vorgaben der Regierung ihre chinesischen Partner mit hochwertigen Technologien zu „füttern", geben ihr China-Geschäft freiwillig auf oder werden mit der Zeit von begünstigten ausländischen Automobilherstellern aus dem Markt gedrängt. Dabei handelt es sich wohl vornehmlich um solche Firmen, die in China ausschließlich auf das Kleinwagen- und Mittelklassesegment gesetzt haben. Ihre JV gehen in die Brüche und ehemalige chinesische JV-Partner verschwinden entweder ebenso oder werden von anderen Unternehmen übernommen.

Im Zuge des Entstehungsprozesses starker chinesischer Autobauer bis 2015 könnte es grundsätzlich auch zu einer letztendlichen Auflösung der JV-Landschaft kommen. Die Regierung wird die Investitionsbeschränkungen für ausländische Hersteller aber nur dann aufgeben, wenn bereits den internationalen Konzernen ebenbürtige chinesische Konzerne entstanden sind. Die Automobilindustrie ist jedenfalls bis 2015 eine von Chinas wichtigsten Industriebranchen geworden, und das Land zu einer der bedeutendsten Automobilnationen der Welt sowohl im Bezug auf die Produktion als auch im Bezug auf den Absatz.

Chinesische Unternehmen haben sich eine starke Position entlang der gesamten Wertschöpfungskette der Automobilindustrie aufgebaut. Im Vertrieb und der Distribution sind bis zum Jahr 2015 gleichfalls starke einheimische Organisationen entstanden. Auch diese Entwicklung hat die Regierung mittels Vorschriften begünstigt. Der einheimischen Automobilindustrie wurden lokale Distributionsorganisationen zur Seite gestellt. Sie existieren 2015 zusammen mit ausländischen Service- und Handelsunternehmen, die sich nach Chinas Öffnung im Automobilsektor Geschäftsfelder erschlossen haben. Es herrscht ein gesunder Wettbewerb. Kompetente einheimische und ausländische Vertriebsorganisationen teilen sich den Markt untereinander auf.

Kurze Zusammenfassung des Szenarios C

Bis zum Jahr 2015 findet nicht nur eine von der Regierung gezielt gesteuerte Konsolidierung der Automobilindustrie in China **zu Gunsten der chinesischen Automobilbranche** statt, sondern die Regierung kann aufgrund einer rasanten volkswirtschaftlichen Entwicklung und riesigen Kundenpotenzialen im Lande einen rigorosen Maßnahmenkatalog verabschieden, der die ausländischen Autokonzerne zu weit reichenden Know-how-Transfers nötigt. Chinesische Autokonzerne dominieren 2015 sowohl das Kleinwagen- als auch das Mittelklassewagensegment im Binnenmarkt und machen durch Exporte auch von Montagefabriken in Osteuropa aus den alteingesessenen Autobauern auf dem Weltmarkt Konkurrenz. Mehrere nationale chinesische Großkonzerne mit eigenen Marken und Modellen und einem „state-of-the-art"-Know-how sind entstanden. Auch im Bereich der Zulieferindustrie und des Vertriebs haben sich chinesische Firmen starke Marktpositionen erkämpft. Ausländische Autobauer machen sich 2015 in China nur noch im Premiumbereich ausschließlich gegenseitig Konkurrenz.

3.3.3. Analyse möglicher Störereignisse

China gilt als das Wirtschaftswunderland schlechthin. Allerdings ist im Schatten der Modernisierung und des Booms auch ein breites Spektrum an hohen Risiken entstanden. Diese könnten, so glauben Skeptiker, in gebündelter Form irgendwann zu schweren wirtschaftlichen, gesellschaftlichen und politischen Verwerfungen oder sogar zum Zusammenbruch des politischen Systems bzw. der chinesischen Volkswirtschaft führen. Damit änderte sich selbstverständlich auch die Entwicklungsrichtung der Automobilindustrie. Die am häufigsten angeführten Risiken sind:

1. ein marodes Bankensystem, das faule Kredite in Höhe von Hunderten von Milliarden vergeben hat, eine besorgniserregende Investitionsblase und Überhitzungstendenzen in einzelnen Wirtschaftsbranchen;[269]
2. eine stetig zunehmende Massenmigration von zurzeit schätzungsweise 150 Millionen landflüchtigen Wanderarbeitern;[270]
3. je nach Schätzung zwischen 40 und 200 Millionen Arbeitslose sowie eine riesige Anzahl völlig unrentabler Staatsbetriebe, die früher oder später ebenfalls schließen müssen – was die Arbeitslosenzahl weiter in die Höhe treiben wird;[271]
4. eine sich stetig weitende Schere zwischen Reichen und Armen, zwischen städtischer und ländlicher Bevölkerung;[272]
5. von Jahr zu Jahr zunehmende gewalttätige Proteste und Aufstände im ganzen Land;[273]

---

269 Vgl. Sandschneider (2005), S. 7; Süddeutsche Zeitung [Angst 2004]; FTD [Risikofaktor 2004]; Handelsblatt [Investoren 2004]; The New York Times [Cities 2004].

270 Vgl. The New York Times [Tidal 2004]; Irwin (K.A.).

271 Vgl. The Economist (2004); Die Zeit (2004); Sandschneider (2005), S. 7.

272 Vgl. Frankfurter Rundschau (2005); Jiang Wenran (2004).

273 Vgl. Scot (2005); FAZ [Spannungen 2005].

6. eine wachsende Überalterung der Bevölkerung[274] sowie ein Geschlechter-Ungleichgewicht (mehr Männer als Frauen)[275] aufgrund der „Ein-Kind-Politik".
7. die Abwesenheit landesweit funktionierender sozialer Sicherungssysteme inklusive Sozial-, Renten- oder Krankenversicherungen;[276]
8. Korruption;[277]
9. eine akute Energie- und Ressourcenknappheit;[278]
10. eine desaströse Umweltverschmutzung;[279]
11. ....

Diese Liste könnte noch mit weiteren Punkten gefüllt werden. Unmittelbare Relevanz für die künftige Entwicklung und den Strukturwandel der chinesischen Automobilindustrie haben vor dem Hintergrund der fortschreitenden Industrialisierung und Motorisierung aber eigentlich nur die beiden zuletzt genannten: die Ressourcen- und Energieknappheit sowie die Umweltverschmutzung.

Im Bereich der Ressourcen- und Energieknappheit hat wiederum Erdöl eine überragende Bedeutung für die Autoindustrie. Vor 20 Jahren war China noch der größte Erdölexporteur in Ostasien.[280] 1993 ist das Land vom Erdölexporteur zum Erdölimporteur geworden und ist dies bis heute.[281] Im Jahr 2003 wurden allein 70 Millionen Tonnen Erdöl als Fahrzeugtreibstoffe verbraucht, dies entspricht einem Drittel des gesamten Erdölverbrauchs des Landes.[282] Chinas Erdölhunger treibt gleichwohl die Preise auf dem Weltmarkt in die Höhe. Im Jahr 2004 waren 31% des weltweiten Nachfragewachstums für Erdöl auf China zurückzuführen.[283] Das

---

274 Vgl. Nano Spezial Sondersendung (2005); Walter (2005), S. 83.

275 Vgl. Epd (2004).

276 Vgl. World Bank (2004), S. 2; Zhang Junhua (2003); Darimont (2003); Schucher (2005).

277 Vgl. Neue Zürcher Zeitung (2001); Holbig (2005), S. 65.

278 Vgl. Süddeutsche Zeitung [Hunger 2004]; Handelsblatt [Peking 2004]; Handelsblatt [Rohölpreise 2004]; Handelsblatt [Kupfer 2004]; Die Welt [Firmen 2004].

279 Vgl. Der Spiegel [Wunder 2005]; Sternfeld/Graf von Waldersee (2005).

280 Vgl. Luo Fuwan (2005).

281 Vgl. Gan Lin (2001).

282 Vgl. Shi Baohua (2004).

283 Vgl. Luo Fuwan (2005).

Land hat 2004 erstmals mehr Öl konsumiert als Japan und ist damit zum zweitgrößten Erdölverbraucher der Welt nach den USA geworden. Nach Schätzungen der Internationalen Energieagentur (IEA) wird China bis spätestens 2020 die USA als größter Erdölverbraucher ablösen.[284]

Von dieser Stoßrichtung ausgehend wäre ein denkbares Störereignis, dass China seine hohe Erdölnachfrage aufgrund politischer oder gar kriegerischer Konflikte, wegen Terroranschlägen oder schlichtweg wegen versiegender Vorkommen nicht mehr decken könnte. Die Entwicklung der Automobilindustrie steckte in der Sackgasse, falls sowohl ausländische als auch einheimische Automobilhersteller zu diesem Zeitpunkt noch keine alternativen Antriebstechnologien landesweit bezahlbar und zuverlässig etabliert hätten.

Ende 2006 gab es in China 35,86 Millionen Kraftfahrzeuge, darunter 15,35 Millionen Pkw.[285] Um einen mit dem Weltdurchschnitt vergleichbaren Motorisierungsgrad der Bevölkerung zu erreichen, müsste in China die Anzahl der Kraftfahrzeuge auf 160 Millionen steigen.[286] Experten warnen, dass im Falle einer konventionellen Massenmotorisierung hin zu einer durchschnittlichen Pkw-Dichte von Autoliebhabernationen wie Deutschland (546 Einheiten je 1.000 Einwohner)[287], eine Umweltkatastrophe in China programmiert sei. Bereits heute liegen fünf der zehn am meisten verschmutzten Städte der Welt in China.[288] Ein weiteres plausibleres Störereignis wäre somit der ökologische Kollaps, weshalb die chinesische Führung die Industrialisierung bremsen und der kompletten Motorisierung nachhaltig einen Riegel vorschieben müsste.

Umweltverschmutzung und Erdölmangel könnten aber auch zu einem komplett anderen Störereignis führen: Die chinesische Führung könnte sich konsequent dafür entscheiden, auf alternative Antriebstechnologien zu setzen und China im Laufe der Jahre bis 2015 als weltweiter Vorreiter in diesem Bereich wider der internationalen „Auto-Erdöl-Lobby" positionieren. Im Zuge dessen könnte es China gelingen, die Kerntechnologien zum Bau von Hybrid-, Wasserstoff- und/oder Elektrikautos für sich zu gewinnen. Aufgrund des totalitären Gesellschaftssystems könnte die chine-

---

284 Vgl. Sieren (2005), S. 315.

285 Vgl. o. V. [Anzahl 2007].

286 Vgl. Wieder (2004), S. 41.

287 Vgl. Statistisches Bundesamt Deutschland [Pkw-Dichte].

288 Vgl. Der Spiegel [Wunder 2005].

sische Führung alternative Antriebstechnologien auch konsequent gegen den Widerstand von Interessensverbänden massiv fördern und durch entsprechende Infrastrukturprojekte landesweit etablieren.[289] Dies veränderte die Zusammenarbeit mit den internationalen Automobilunternehmen von Grund auf. Einige ausländische Automobilhersteller produzierten dann gar mit Technologie-Lizenzen aus China, jedenfalls kämen sie nicht umhin, sich auf den Kurswechsel nachhaltig einzustellen.

Eine künftige Weltführerschaft Chinas hinsichtlich alternativer Antriebstechnologien als Störereignis wäre aus der Gegenwart nicht zwangsläufig herzuleiten, jedoch auch nicht absolut undenkbar. Chinas Führung betreibt zwar einerseits eine intensive Erdöldiplomatie[290], aber engagiert sich andererseits bereits heute im weltweiten Vergleich gesehen auch überdurchschnittlich stark für alternative Antriebstechnologien. Sie fördert seit 1999 mit einem „National Clean Vehicle Action"-Programm die Einführung von alternativen Treibstoffen.[291] Automobilunternehmen und Forschungsinstitutionen sind vom Staat gezielt beauftragt, umweltfreundliche Fahrzeuge zu entwickeln. Kooperierende Zentren der Entwicklung von Brennstoffzellen-Pkw sind SAIC sowie die beiden Shanghaier Universitäten Jiaotong und Tongji. Mit der Entwicklung von Batterie-Elektroantrieben für Busse wurde das Beijing Institute of Technology beauftragt. Für die Entwicklung von Hybridfahrzeugen zeichnen FAW und DMC verantwortlich.[292]

Parallel dazu bringt die chinesische Regierung Maßnahmen auf den Weg, um den Benzinverbrauch einzuschränken. Am 1. Juli 2005 ist eine „Neuregelung für den Kraftstoffverbrauch" in China in Kraft getreten. Gemäß dieser Vorschrift dürfen Neuwagen mit einem Gewicht von 980 bis 1.090 Kilogramm nur noch einen maximal durchschnittlichen Verbrauch von 8,3 Litern aufweisen. Dieses Limit soll 2007 weiter auf 7,5 Liter gesenkt werden. Nach offiziellen Erhebungen verbrauchen Fahrzeuge in China für eine Fahrtstrecke von 100 Kilometern durchschnittlich 25% mehr Kraftstoff als in

---

289 Nicht umsonst schreibt Frank Sieren: „Und es werden wahrscheinlich wiederum Chinesen sein, die aus Not die Politik der westlichen Grünen zu Ende führen und harte Umweltstandards durchsetzen werden." Vgl. Sieren, F. (2005), S. 37. Zu dem allgemeinen Faktum, dass China aufgrund seines totalitären Regierungssystems Reformen unnachgiebig durchsetzen kann vgl. Sieren (2005), S. 345, 354–55.

290 Vgl. Wirtschaftswoche Sonderheft China [Noch verstärken 2005].

291 Vgl. Wieder (2004), S. 46; China Industry Sector Report (2001), S. 22.

292 Vgl. Wieder (2004), S. 49.

Europa.[293] Mit der Einführung von Emissionsstandards hinkt China allerdings durchschnittlich immer zehn Jahre Europa hinterher,[294] wie folgende Aufstellung verdeutlicht.

Tabelle 11: Einführung von Emissionsstandards – China und Europa im Vergleich

	EURO I	EURO II	EURO III	EURO IV
Europa	1992	1994	2000	2005
China	2000	2004	2010*	Keine Angabe

* Der EURO-III-Standard gilt für Peking schon seit Anfang 2005[295]
Darstellung in Anlehnung an Gallagher (2003), S. 6.

Dieselmotoren sind schwer einführbar in China wegen der schlechten Ölqualität im Lande.[296] Gleichwohl wurde eine flächendeckende Tankstellen-Infrastruktur bislang noch nicht aufgebaut. Deshalb wäre China in einer günstigen Ausgangsposition, gleich von Anfang an auf Neuland und in beispielsweise eine Wasserstoff-Infrastruktur zu investieren. Um die Luftqualität in Peking bis zur Olympiade 2008 zu verbessern, stellt die chinesische Regierung gerade eine Wasserstoffbusflotte zusammen und kooperiert dabei zum Beispiel mit der Linde AG.[297]

---

293 Vgl. Bfai [Kraftstoffverbrauch 2005].

294 Vgl. Gallagher (2003), S. 6.

295 Vgl. Wieder (2004), S. 45.

296 Vgl. Nano Spezial Sondersendung (2005).

297 Vgl. Linde Technology: Berichte aus Technik und Wissenschaft (2005), S. 33.

4 Konsequenzanalyse

4.1 Strategische Unternehmensplanung auf der Grundlage von Szenarien

4.1.1 Strategieentwicklung und -formulierung nach M. E. Porter

4.1.1.1 Strategietypen beim Vorliegen mehrerer Szenarien

Die Führungsebene eines Unternehmens strebt danach, anhand von Szenarien zukunftsorientierte Ziele zu entwickeln und Strategien herauszuarbeiten, die möglichst genau und angemessen zu den Szenarien und damit auch zu alternativen Zukunftsverläufen passen.[298] M. E. Porter beschreibt fünf methodische Ansätze, wie man sich bei der Strategieentwicklung und -formulierung auf der Grundlage von Szenarien verhalten kann:[299]

a) **Auf das wahrscheinlichste Szenario setzen:** Bei diesem Ansatz analysiert die Unternehmensführung die Szenarien, identifiziert das wahrscheinlichste Szenario und entwickelt auf der Basis dieses Szenarios Strategien.[300]

b) **Auf das beste Szenario setzen:** Bei dieser Vorgehensweise erfolgt eine strategische Ausrichtung auf das aus eigener Sicht vorteilhafteste Szenario.[301]

   Im Rahmen der beiden Ansätze a) und b) wird die Strategienentwicklung lediglich auf ein Szenario ausgerichtet.[302] Vorraussetzung hierfür ist, dass sich ein wahrscheinlichstes bzw. ein *best-case-scenario* eindeutig identifizieren lassen.[303]

c) **Sich gegen Verluste sichern:** Die Unternehmensführung legt sich nicht eindeutig auf nur eines der Szenarien fest, sondern entwirft Strategien, die beim Eintreten gleich welchen Szenarios ein im Durchschnitt stets befriedigendes Ergebnis für das Unternehmen versprechen.[304]

---

298 Vgl. von Reibnitz (1987), S. 16 f.

299 Vgl. Porter (1999), S. 593 f.

300 Vgl. Porter (1999), S. 593.

301 Vgl. Herzhoff (2004), S. 66.

302 Vgl. von Reibnitz (1987), S. 170; Ruhland (1987), S. 10.

303 Vgl. Götze (1991), S. 265.

304 Vgl. Götze (1991), S. 265; Herzhoff (2004), S. 67.

d.) **Flexibel bleiben:** Bei diesem Strategietyp versucht die Unternehmensführung so flexibel wie möglich zu bleiben, bis sich anhand von „Vorboten" herausstellt, welches Szenario tatsächlich eintreten wird.[305]

e.) **Einfluss nehmen:** Durch den Einsatz von Ressourcen versucht die Unternehmensführung, eine Zukunftslage herbeizuführen, die aus ihrer Sicht am wünschenswertesten ist.[306] Allerdings ist nicht immer und unter allen Umständen eine derartige Einflussnahme überhaupt möglich.

4.1.1.2 Fallbezogene Strategietypenauswahl: Auf das wahrscheinlichste Szenario setzen

Versucht man die fünf Strategietypen von M. E. Porter auf der Grundlage von Szenarien mit den oben ausformulierten möglichen Szenarien der Konsolidierung der chinesischen Automobilindustrie bis 2015 in Einklang zu bringen, so lässt sich Folgendes feststellen: Zunächst einmal lassen sich auf Grundlage des heutigen Ist-Zustandes der chinesischen Automobilindustrie die Szenarien A und C als zwei Extremszenarien einstufen. Es erscheint nach eingehender Analyse der landesspezifischen Zusammenhänge und Umstände weniger wahrscheinlich, dass die Automobilindustrie in China bis 2015 komplett von ausländischem Kapital, ausländischer Technologie-Hoheit und durch ausländische Entscheidungen kontrolliert wird (Szenario A). Ebenso überraschend wäre ein derart rasanter Aufstieg Chinas zum „Automobil-Giganten" innerhalb nur weniger Jahre bis 2015 (Szenario C).

Szenario B hingegen hat den Charakter eines Trend-Szenarios, da es eine Kombination der Fortschreibung des heutigen Ist-Zustandes in die Zukunft mit Einbezug der aus gegenwärtiger Sicht plausibelsten Veränderungen darstellt. Vor diesem Hintergrund betrachtet, weist der Strategietyp „a) Auf das wahrscheinlichste Szenario setzen" die größte Anwendungskompatibilität auf.

Da Chinas Volkswirtschaft keine freie Marktwirtschaft ist und die planwirtschaftlichen Lenkungsmanöver des Regimes auch die Entwicklung der Automobilindustrie maßgeblich beeinflussen, ist der Spielraum für aktive Einflussnahme seitens ausländischer Konzernleitungen begrenzt. Deshalb scheidet Strategietyp „e) Einfluss nehmen" als primäre Planungsausrichtung aus.

---

305 Vgl. Herzhoff (2004), S. 69.

306 Vgl. Porter (1999), S. 595.

Die Strategietypen „d) Flexibel bleiben" und „c) Sich gegen Verluste sichern" erscheinen angesichts des sich rasant entwickelnden chinesischen Automarktes zu passiv und zu abwartend, um als primäre Planungsausrichtung zu taugen. Die Gefahr bestünde, Entwicklungen zu spät zu erkennen und zu verpassen.

Als primäre Planungsausrichtung sollte auch nicht der Strategietyp „b) Auf das beste Szenario setzen" ausgewählt werden - gleichwohl Extrem-Szenarien dem Zweck einer Zukunftsplanung mitunter besser dienen können als Trend-Szenarien.[307] Träfe aber im speziellen Falle Chinas tatsächlich das „beste" Szenario - hier das Extremszenario A (Dominanz ausländischer Konzerne) - ein, dann hätten die Konzernleitungen bei einer primären Planungsausrichtung auf den Strategietyp „a) Auf das wahrscheinlichste Szenario setzen" sicherlich nichts verloren, weil sie sich dann auch auf für sie „schlechtere" Entwicklungen vorbereitet hätten. Setzten sie allerdings vor allem auf den Strategietyp „b) Auf das beste Szenario setzen" würden sie bei Eintreten des Trendszenarios B auf dem falschen Fuß erwischt.

Mit der Bewusstheit, dass im Geschäftsalltag eine so klare Abgrenzung von Strategietypen nicht immer praktikabel ist, und neben einer primären Planungsausrichtung sicherlich Elemente anderer Strategietypen mit in die Gesamtplanung einfließen, wird aus den oben genannten Gründen der Strategietyp „a) Auf das wahrscheinlichste Szenario setzen" und folgerichtig das Szenario B („Balanced Divison of Power") als analytische Basis für weitere Hypothesen herangezogen.

Identifizieren wir jetzt die chinesischen Automobilunternehmen, denen im Rahmen einer Konsolidierung der Branche in China eine maßgebliche Rolle zukommt.

---

[307] Im Rahmen der Vorbereitung auf Extrementwicklungen lassen sich bislang verborgene Risiken frühzeitiger erkennen und somit Präventivmaßnahmen rechtzeitiger ausarbeiten als bei der Arbeit mit Trendprognosen. Autoren wie Ute von Reibnitz empfehlen sogar, keine Trendszenarien zu entwickeln, um die Gefahr in die Irre geführt zu werden, zu vermeiden. Vgl. von Reibnitz (1992), S. 28.

4.2 Anwendung des ausgewählten Strategietyps

4.2.1 Die chinesischen Automobilhersteller, denen im Rahmen der Konsolidierung eine maßgebliche Rolle zukommt

Nach offiziellen Angaben existieren in China 33 Automobilunternehmen zur Pkw-Produktion. 17 davon sind Gemeinschaftsunternehmen in Form von JV zwischen einheimischen und ausländischen Automobilherstellern. Die derzeitige Unternehmensstruktur der Pkw-Industrie in China ist zudem durch eine mehrfache Überkreuzbeteiligung inländischer und ausländischer Automobilunternehmen gekennzeichnet.

Einerseits besitzen ausländische Konzerne wie VW oder Toyota und Honda mittlerweile jeweils zwei JV zur Pkw-Produktion für den Binnenmarkt mit verschiedenen Partnern in China. Ganz offensichtlich sollen dadurch, Geschäftsrisiken vermindert, die Abhängigkeit im Falle eines einzigen chinesischen Partners reduziert und größere Handlungsspielräume offen gehalten werden.

Abbildung 7: Die geographische Verteilung der Hauptstandorte der wichtigsten Automobilunternehmen in China

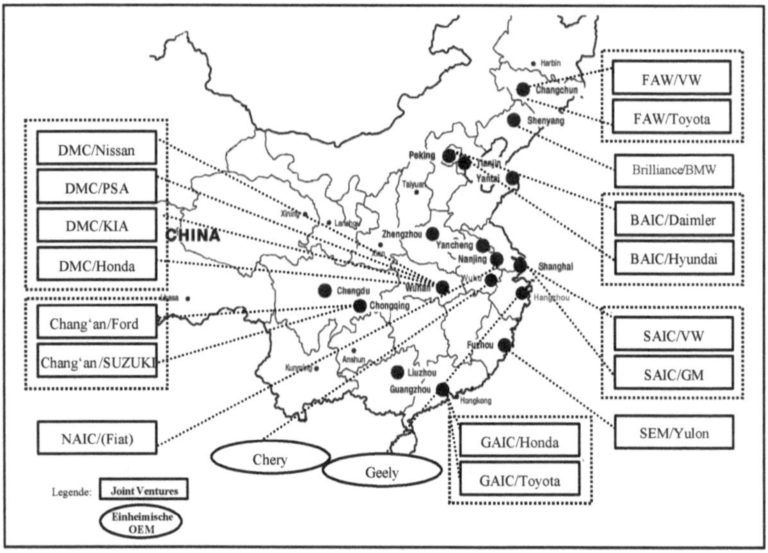

Eigene Darstellung

Andererseits möchten auch die chinesischen Automobilunternehmen die Vorteile von Gemeinschaftsunternehmen mit internationalen Konzernen maximal ausschöpfen und sich Machtpositionen innerhalb der JV sichern. Sie gehen deshalb „Mehrehen" mit gleichzeitig zwei (oder sogar noch mehr) internationalen Automobilunternehmen ein. Durch die mehrfache Überkreuzbeteiligung ausländischer und inländischer Unternehmen ist die Pkw-Produktion in JV von Misstrauen, Interessenskonflikten sowie Ineffizienz geprägt.

Die hohe Gesamtzahl von Autoherstellern auf dem Markt darf nicht darüber hinweg täuschen, dass die chinesische Pkw-Industrie von den zehn größten Automobilunternehmen dominiert wird. Im Jahr 2007 machte der Absatz dieser zehn Unternehmen 65,12% des gesamten Autoabsatzes in China aus.[308] Die „Top 10" setzen sich größtenteils aus Gemeinschaftsunternehmen der Firmen FAW, SAIC, DMC, GAIC und Chang'an mit ausländischen JV-Partnern zusammen. Dazu gesellen sich noch die rein chinesischen Automobilunternehmen Chery und Geely. Diese sieben werden aufgrund ihrer Marktposition Kern- und Angelpunkt der Konsolidierung der Automobilindustrie in China sein. In die Betrachtung mit einbezogen werden außerdem die restlichen chinesischen Pkw-Hersteller, die JV mit ausländischen Partnern unterhalten und deshalb als maßgeblich zu bezeichnen sind - das sind BAIC, Brilliance, NAIC und SEM.

4.2.2 Mögliche Unternehmensstrukturen innerhalb des wahrscheinlichsten Szenarios der Konsolidierung

Innerhalb des Trend-Szenarios B („Balanced Division of Power") wird antizipiert, dass die chinesische Pkw-Industrie bis 2015 in wenigen Unternehmensgruppen zusammenwächst. Selbstverständlich lässt sich eine Unternehmensstruktur mit stark reduzierter Anzahl von Autoherstellern nicht mit absoluter Sicherheit vorhersagen. Auch auf die Frage, welches der chinesischen Automobilunternehmen bis 2015 übrig bleibt, kann es keine hundertprozentig sicheren Antworten geben - besonders vor dem Hintergrund der komplizierten Interessensverflechtungen zwischen verschiedenen einheimischen sowie zwischen einheimischen und ausländischen Automobilherstellern und angesichts der starken Lokalprotektionismen der verschiedenen Regionen Chinas. Es kann hier lediglich anhand von Indizien und logischen Schlussfolge-

---

[308] Vgl. Tabelle 8.

rungen eine Unternehmensstruktur, die im Laufe eines Konsolidierungsprozesses bis zum Jahr 2015 entstehen könnte, möglichst plausibel hergeleitet werden.

Im Rahmen eines Konsolidierungsprozesses wird den Markterfordernissen entsprechend eine Konzentration auf diejenigen chinesischen Automobilunternehmen stattfinden, die innerhalb der allgemeinen Wirtschafts- und Nachfrageentwicklung angemessene Leistungsfähigkeiten mitbringen, über ein entsprechendes Zuliefernetz verfügen und von der chinesischen Regierung unterstützt bzw. nicht unbedingt gehemmt werden.

Das Planziel der chinesischen Regierung - so wurde es zum Beispiel in den „Richtlinien zur Entwicklung einer nationalen Automobilindustrie“ von 2004 sowie den Vorbesprechungen zum 11. Fünfjahresplan (2006–2010) artikuliert -, die Konzentration auf wenige Unternehmensgruppen zu erreichen, liegt darin, den Wettbewerb unter allen internationalen Automobilkonzernen innerhalb der JV zu forcieren. Mehrere ausländische Partner der einen Muttergesellschaft müssen um deren Gunst buhlen und können auf diese Weise zu Zugeständnissen zum Beispiel hinsichtlich des Technologietransfers gezwungen werden.

Allerdings haben sich einige ausländische Konzerne durch weitere Kooperationen mit anderen chinesischen Muttergesellschaften abgesichert, also zwei unterschiedliche JV gebildet. Folgerichtig wäre es im Sinne der chinesischen Strategen in Regierung und Unternehmensleitungen, die künstliche Wettbewerbssituation weiter zu ihren Gunsten fortzuentwickeln, indem „Mehrehen“ der ausländischen Konzerne in nur noch einem chinesischen Mutterkonzern aufgehen oder durch bestimmte Unternehmensstrukturen und Segmentkonzentrationen an störender Wirkung verlieren.

Bevor wir aber zu möglichen Unternehmensstrukturen und Segmentkonzentrationen bis zum Jahr 2015 kommen, betrachten wir die maßgeblichen chinesischen Unternehmen einmal genauer.

4.2.2.1 Die vier „Großen" mit Potenzialen zu künftigen Mutterkonzernen: FAW, SAIC, DMC und Chang'an

Die drei größten nationalen Automobilunternehmen FAW, SAIC und DMC werden als die Pioniere der Branche in China seit mehr als 50 Jahren von der Regierung besonders intensiv unterstützt.[309] Sie sind die finanziell stärksten, einheimischen Automobilunternehmen.[310] Alle drei haben bereits JV mit führenden internationalen Automobilkonzernen gegründet.

First Automobile Works (FAW) mit Hauptsitz in Changchun in der nordöstlichen Provinz Jilin unterhält seit 1991 mit Volkswagen[311] und seit 2003 mit Toyota[312] je ein JV zur Pkw-Produktion. Mit etwa 130.000 Mitarbeitern und 47 Beteiligungen und Tochtergesellschaften verschiedener Art[313] stieg FAW im Jahre 2004 mit einem Umsatz von 13,825 Mrd. US$ zum ersten Mal in die „Liste der weltweit 500 größten Unternehmen" auf und rangierte dort auf Platz 448.[314] Im Vergleich zu SAIC und DMC verfügt FAW bereits über mehrere eigene Marken wie Xiali 夏利 und Huali 华利 im Kleinwagen- sowie Red Flag (Hongqi 红旗) im Mittelklassewagensegment.[315]

Wie FAW hat auch die **Shanghai Automotive Industry Corporation (SAIC)** zwei JV: seit März 1985 mit Europas größtem Autobauer Volkswagen[316] und seit 1997 mit dem Weltmarktführer General Motors.[317] SAIC verfügt über sieben Pkw-Produktionsstandorte[318] und unterhält ein Geflecht von 55 Tochterunternehmen und insgesamt 63 Joint Ventures für den Fahrzeugbau sowie die Automobillieferteilproduktion.[319] Als der größte Pkw-Hersteller

[309] Gründungsjahre der „Drei Großen": FAW: 1953; SAIC: 1958; DMC: 1969. Vgl. Harwit (1995), S. 17; Qiu, L. D. (2005), S. 2.

[310] Die Nettokapitalwerte von FAW, SAIC und DMC betragen laut Eigenangaben 105,8 Mrd. RMB (ca. 13 Mrd. US$), 4,7 Mrd. US$ bzw. 33,9 Mrd. RMB (ca. 4 Mrd. US$). Vgl. FAW Website [1]; o. V. [SAIC 2004] und DMC Website.

[311] Vgl. FAW Volkswagen Website.

[312] Vgl. CATARC (2004); Toyota (China) Website [2].

[313] Vgl. FAW Website [1].

[314] Vgl. o. V. [FAW 2005].

[315] Vgl. FAW Website [2].

[316] Vgl. Shanghai Volkswagen Website.

[317] Vgl. Shanghai GM Website.

[318] Vgl. Fourin China Auto Weekly, 3. Oktober 2005.

[319] Vgl. Der Spiegel [Schwärmt aus 2004].

Chinas hat SAIC zusammen mit seinen JV-Partnern 939.300 Einheiten Pkw im Jahr 2007 abgesetzt.[320] Mit einer enormen finanziellen Stärke und einer intensiven Unterstützung durch die Regierung[321] ist SAIC auf dem besten Weg, eigenständige Marken und Wagenmodelle auf dem Markt zu etablieren.

Im Oktober 2004 hat SAIC mit einer Investition von 500 Millionen US$ 49,82% Anteile des koreanischen Automobilherstellers Ssangyong aufgekauft.[322] 2005 wendete SAIC eine Summe von umgerechnet 67 Millionen englische Pfund auf und erwarb Technologierechte an den MG Rover-Modellen 25 und 75 aus der Konkursmasse des britischen Autobauers, inklusive der Motorenlizenzen.[323] Basierend auf den Rover-Technologien hat SAIC im Januar 2007 die eigene Marke „Roewe" auf den Markt gebracht[324] und sich das ehrgeizige Absatzziel gesteckt, noch vor 2010 einen jährlichen Verkauf von 600.000 Einheiten eigener Wagenmodelle zu realisieren.[325] Mit der einzigen anderen eigenen Marke „Saibao" (ein Pickup) hatte SAIC allerdings bis dahin gerade einmal einen jährlichen Absatz von 20.000 Einheiten vorzuweisen.[326]

Die **Dongfeng Motor Corporation (DMC)** mit Hauptsitz in Wuhan in der zentralchinesischen Provinz Hubei unterhält die meisten JV zur Pkw-Produktion unter allen einheimischen Automobilherstellern, und zwar mit PSA seit Mai 1992[327], mit KIA/Hyundai seit August 2002[328], mit Nissan seit Juni 2003[329] sowie mit Honda seit Juli

---

320 Vgl. o. V. [Absatzzahl 2008].

321 Die Regierung hat SAIC mit der Markteinführung des ersten Santana eine Erlaubnis der besonderen Art erteilt: Für jeden verkauften Santana darf SAIC einen 20.000 RMB-Aufschlag (ca. 2.400 US$) auf den Verkaufspreis erheben und diesen Preisaufschlag in einen Fonds für weitere F&E abzweigen. Bisher wurden insgesamt 1,5 Mio. Santana verkauft, d. h. allein durch den Verkauf von Santanas hat SAIC schon eine Geldsumme von 30 Mrd. RMB für F&E gesammelt. Vgl. Chen Yingxuan (2004).

322 Vgl. Jia Ke [SAIC 2004]; FTD [China 2005].

323 Vgl. FTD [China 2005]; BBC News [Rover 2005].

324 Vgl. o. V. [Roewe 2007].

325 Vgl. o. V. [Hersteller 2006]; o. V. [SAIC 2006].

326 Vgl. o. V. [Rover 2005].

327 1992 hat DMC mit Citroen ein Joint Venture gegründet. Im Jahr 2002 wurde die Partnerschaft aufgrund der Fusion zwischen Peugeot und Citroen aktualisiert. Vgl. Dongfeng/PSA Website.

328 Vgl. Dongfeng KIA Website.

329 Vgl. CATARC (2004); Dongfeng Nissan Website.

2003.[330] Außerdem ist DMC mit 10% an einem Export-JV von Honda und GAIC beteiligt.[331] Trotz der zahlreichen JV-Partner weist DMC als typisches staatliches Unternehmen mit 70.000 Mitarbeitern bislang weniger Entwicklungspotenziale auf als die zwei „Großen“ SAIC und FAW. Als ein „Full-range-Anbieter“, der gleichzeitig im Nfz- und Pkw-Bereich tätig ist, sowie als ein Vorreiter der eigenständigen Entwicklung von Hybrid-Personenfahrzeugen[332] wird DMC aber auch bis 2015 und darüber hinaus höchstwahrscheinlich eine entscheidende Rolle auf dem chinesischen Automarkt zukommen.

Die Entwicklungspotenziale von SAIC, FAW, DMC bestimmen maßgeblich die Stärke und Zukunftsfähigkeit der einheimischen Automobilindustrie. Zweifelsohne werden alle drei von der Regierung massiv unterstützt. Gemäß den neuen „Richtlinien zur Entwicklung einer nationalen Automobilindustrie“ von 2004 werden denjenigen einheimischen Automobilunternehmen mehr Privilegien und Entscheidungsspielraum zur weiteren Entwicklung gewährt, die einen Marktanteil von mindestens 15% errungen haben. Das ist ein unmissverständliches, eindeutiges Signal seitens der Regierung, die damit eine „Benchmark“ setzt. Nach aktueller Datenlage hatten SAIC und FAW bereits im Jahr 2004 diese Bedingung erfüllt, und DMC ist auf dem besten Wege, sie zu erfüllen.[333]

Gleichzeitig stehen SAIC, FAW und DMC internationale und renommierte Automobilkonzerne mit Know-how zur Seite. Toyota hat 2005 eine Vielzahl chinesischer Fachleute von FAW zur Weiterbildung nach Japan geholt.[334] General Motors ist sogar bereit, SAIC beim Aufbau eigener Automarken zu helfen - dies sei zwar „ungewöhnlich, aber denkbar“, kommentierte der CEO von GM,

---

330 Vgl. CATARC (2004).

331 Vgl. CATARC (2004).

332 Im Dezember 2005 wurden fünfzehn Hybrid-Busse sowie drei Hybrid-Pkw von DMC zur Testfahrt freigegeben. Vgl. o. V. [Hybridautos 2005].

333 Marktanteile im Jahr 2004: 1. **FAW**: 19,87% (1.007.500 Einheiten); 2. **SAIC**: 16,73% (848.500); 3. Chang'an: 11,43% (579.500); 4. BAIC: 10,47% (531.000); 5. **DMC**: 10,31% (523.000). Marktanteile im Jahr 2005: 1. **FAW**: 17% (983.100 Einheiten); 2. **SAIC**: 16% (917.500); 3. **DMC**: 13% (729.000); 4. Chang'an: 11% (631.100); 5. BAIC: 10,4% (597.300). Vgl. o. V. [Lagebericht 2005]; Nanfang Daily [GAIC 2005]; Nanfang Daily [BMW 2005]; China Economic Daily (2006).

334 Vgl. o. V. [Ausbildungsprogramm 2005].

Rick Wagoner, im Mai 2005 entsprechende Fragen von Journalisten.[335]

Neben SAIC, FAW und DMC eigenständig zukunftsfähig ist darüber hinaus noch die **Chang'an Automobile Co. Ltd.** mit Sitz in Chongqing. Seit Mai 1993 unterhält Chang'an ein JV mit Suzuki[336] und seit April 2001 eines mit Ford.[337] Chang'an gehört zur China Weaponry Industry Corporation, hatte aufgrund seines starken militärischen Hintergrunds in seiner Entwicklung schon immer eine besondere Stellung[338] inne und wird auch entsprechend von der Regierung unterstützt. Chang'an ist der führende Automobilhersteller im Mikrowagensegment. Im Jahr 2005 dominierte Chang'an mit einem Marktanteil von 37,61% den gesamten chinesischen Automarkt in diesem Segment.[339] 2007 fiel Chang'an in puncto Marktanteile im Mikrowagensegment etwas zurück (29%). Marktführer wurde in jenem Jahr Wuling (43%), ein Tochterunternehmen von SAIC/GM.[340]

Chang'an gehört außerdem zu den wenigen einheimischen Automobilunternehmen, die beharrlich nach eigenen Marken und Modellen streben. Im September 2004 hat Chang'an das erste, vollständig in Eigenregie entwickelte Kleinwagenmodell CM8 auf den chinesischen Markt gebracht.[341] Zur gleichen Zeit kündigte Chang'an an, bis 2007 noch acht eigene Wagenmodelle vom Stapel zu lassen.[342]

Aus all den genannten Gründen lässt sich annehmen, dass FAW, SAIC, DMC und Chang'an die Kernkraft der Konsolidierung innerhalb der chinesischen Automobilindustrie bis zum Jahr 2015 (und darüber hinaus) bilden und als Konzerne erhalten bleiben werden.

---

335 Vgl. AFP [GM 2005].

336 Vgl. Chang'an Suzuki Website.

337 Vgl. Ford (China) Website.

338 Unter dem Druck der zentralen Militär-Kommission hat die chinesische Regierung 1987 den ursprünglichen Plan zur Unterstützung der „Drei Großen, drei Kleinen" erweitert. Seither wird von „Drei Großen, drei Kleinen und zwei Minis" gesprochen - die „zwei Minis" sind Chang'an Automobile Corporation und Guizhou Aircraft Auto. Letzteres Unternehmen untersteht ebenso dem Militär. Vgl. Tsuji (2004), S. 6.

339 Vgl. o. V. [Zuversicht 2006].

340 Vgl. o. V. [Mikrowagen 2008].

341 Vgl. o. V. [Chang'an 2005].

342 Vgl. o. V. [Chang'an 2005].

Abbildung 8: Marktanteile der einheimischen Automobilhersteller und deren gesamter Fahrzeugabsatz im Jahr 2007 in Einheiten

(Nfz, Pkw, Busse, Lkw, Modelle ausländischer JV-Partner, alles inklusive)

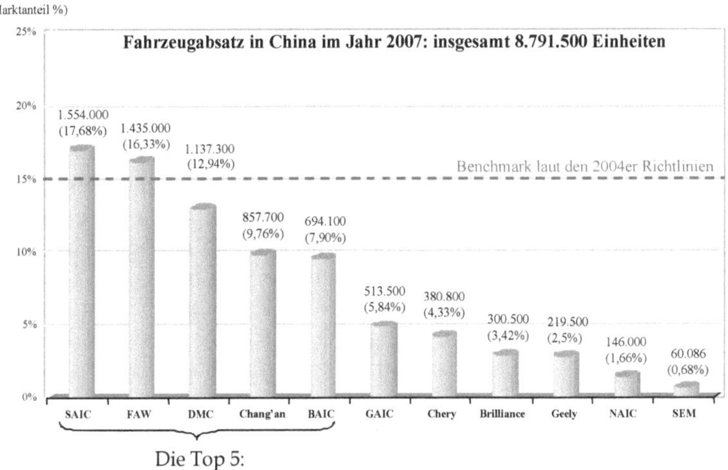

Die Top 5:

Absatz 2007: 5.678.100 Einheiten; Marktanteil: 64,6%.

Eigene Darstellung; Quellen: o. V. [Analyse 2008]; o. V. [Welle 2008]; o. V. [Acht Millionen 2008].

4.2.2.2 Die potenziellen „Übernahmekandidaten“: GAIC, BAIC, Geely, SEM, Chery, NAIC und Brilliance

In Gegenüberstellung mit den vier genannten chinesischen „Automobilgrößen“ FAW, SAIC, DMC und Chang'an lassen sich bei der Guangzhou Automotive Industry Corporation (GAIC), der Beijing Automotive Industry Holding Company (BAIC) und den anderen in Abbildung 8 gezeigten Unternehmen maßgebliche Unterschiede verdeutlichen, weswegen die Aufrechterhaltung einer künftigen Eigenständigkeit angezweifelt werden darf. GAIC und BAIC zum Beispiel haben eher den Charakter von „Produktionsgehilfen“ der internationalen Automobilkonzerne - obschon sie freilich ein gesundes, rasantes Wachstum vorzuweisen haben und zu den zehn größten Automobilherstellern Chinas gehören. Beide besitzen jedoch weder eigene Marken im Pkw-Bereich, noch sind nach aktueller Datenlage entsprechende Aktivitäten und Bemühungen in diese Richtung zu erkennen.

4.2.2.2.1 „Übernahmekandidaten" für DMC

Peugeot beendete 1997 nach Fehlschlägen sein JV mit der **Guangzhou Automotive Industry Corporation (GAIC)**, das seit 1985 bestanden hatte. Die Franzosen hatten im Rahmen der Kooperation mit GAIC Verluste von 400 Millionen US$ eingefahren.[343] An Peugeots Hinterlassenschaften anknüpfend gründete Honda im Mai 1998 ein neues JV zur Pkw-Produktion mit GAIC.[344] Diese „Rettungsmaßnahme" hatten GAIC und auch die Lokalregierung der Provinz Guangdong bitter nötig, GAIC aufgrund der veralteten Produktionsanlagen aus der Peugeot-Zeit[345] und die Guangdong-Regierung aufgrund lokalpatriotischer Befindlichkeiten. Aus einigen Pressekommentaren lässt sich deshalb herauslesen, dass die Kooperation zwischen Honda und GAIC gezielt von der Zentralregierung forciert worden sei, weil sie mit GAIC unbedingt einen Autobauer im Süden Chinas halten wollte. Honda war zu diesem Zeitpunkt bereits eher auf eine Kooperation mit DMC aus und musste für den Markteinstieg in China offenbar Zugeständnisse machen.[346]

Im Juli 2003 konnte Honda dann tatsächlich ein zweites JV zur Pkw-Produktion mit DMC gründen.[347] Bis September 2003 baute Honda zusätzlich einen Produktionsstandort in Form eines weiteren JV mit GAIC auf - ein Export-JV, in dem nur für die Ausfuhr und nicht für den Binnenmarkt gefertigt werden darf. Im Moment läuft dort das Wagenmodell Jazz vom Band. Bezeichnender Weise ist DMC mit 10% an diesem Export-JV beteiligt. 65% daran hält Honda, 25% hält GAIC.[348]

Eine Verflechtung zwischen Honda, GAIC und DMC ist demnach heute schon gegeben. Meiner Ansicht nach wird sich diese Verflechtung in den kommenden Jahren intensivieren und GAIC bis 2015 mit großer Wahrscheinlichkeit mit DMC zusammenwachsen. Dadurch erweiterte DMC nicht nur sein Wagensegmentportfolio, sondern erlangte auch größere Kontrolle über den ausländischen JV-

---

343 Vgl. Xiucai, Nr. 51/31.Oktober 2004, S. 8.

344 Vgl. Jia Ke [Detroit 2004].

345 Vgl. o. V. [Code 2005].

346 Vgl. o. V. [Endzeit 2005].

347 Vgl. CATARC (2004).

348 Vgl. CATARC (2004). Anmerkung: Für Export-JV gilt die „50:50-Vorschrift" nicht, und die Investitionsbeschränkung auf maximal zwei JV für jedes ausländische Automobilunternehmen bezieht sich nur auf die Produktion für den Binnenmarkt.

Partner Honda, der dann nur noch auf den einen großen chinesischen Mutterkonzern angewiesen wäre.

Ein weiterer plausibler Übernahme- bzw. Fusionskandidat für DMC wäre die **Beijing Automotive Industry Holding Company (BAIC)**, weil auch hier bereits Verflechtungen bestehen. Im November 2004 hat BAIC ein JV mit DaimlerChrysler ins Leben gerufen.[349] Gleichzeitig unterhält BAIC noch ein zweites JV mit dem koreanischen Automobilhersteller Hyundai (gegründet im Oktober 2002).[350] Hyundais Tochtergesellschaft KIA ist wiederum ein JV-Partner von DMC.

Presseinformationen zufolge fährt Hyundai in China einen harten Kurs,[351] indem es im JV mit BAIC sämtliche Managemententscheidungen bezüglich Entwicklung, Beschaffung und Distribution fest in der Hand hält.[352] Die einheimischen, ursprünglichen BAIC-Zulieferer rund um Beijing werden bei der Vergabe von Lieferaufträgen für Autoteile im Vergleich zu den koreanischen Zulieferern, an denen Hyundai häufig noch beteiligt ist, benachteiligt.[353] Das Verhalten von Hyundai kann als exemplarisch für den „Verzweiflungskampf" ausländischer Automobilunternehmen um Machterhalt und Einfluss angesehen werden. Aber aus Sicht der chinesischen Regierung ist ein solches Verhalten unerwünscht und sie wird alles daran setzen, Hyundai von diesem Pfad abzubringen. Ein plausibles Mittel bis 2015 wäre eine Verschmelzung von BAIC mit einem chinesischen Mutterkonzern.

DMC wäre als Mutterkonzern ideal, weil BAIC und DMC heute denselben JV-Partner Hyundai haben und Hyundai im künftigen Falle nur noch eines, aber dafür umso größeren und mächtigeren chinesischen Kooperationspartners an Einflussmöglichkeiten verlöre. Zusätzlich würde DMC mit BAICs JV-Partner Daimler einen weiteren renommierten ausländischen Partner an sich binden und seine Produktpalette mit Limousinen auf den Premiumbereich ausweiten. Damit zöge DMC mit SAIC und FAW gleich, die in ihrem Portfolio bereits über Cadillac von GM bzw. Audi von VW verfügen.

Nach einem Zusammenschmelzen mit BAIC und GAIC fehlten DMC aber weiterhin eigene Marken und das Know-how zur

349 Vgl. AP [Mercedes-Fahrzeuge 2004].

350 Vgl. Beijing/Hyundai Website.

351 Vgl. o. V. [BAIC 2004]; o. V. [Temperament 2005].

352 Vgl. o. V. [BAIC 2004].

353 Vgl. o. V. [Weg 2005].

eigenständigen Pkw-Produktion, während die einheimischen Konkurrenten FAW, SAIC und Chang'an bereits eigene Marken und Modelle entwickelt haben oder dabei sind, welche aufzubauen. Diese „Lücke" würde DMC durch eine Übernahme oder Fusion von bzw. mit Geely schließen.

Die **Geely Holding Group** ist das bedeutendste nichtstaatliche Automobilunternehmen in China. Als einer der heute reichsten Geschäftsleute des Landes schwenkte der Firmenbesitzer Li Shufu[354] 1997 von Kühlschränken auf die Produktion von Pkw[355] um - und das mit Erfolg. Inzwischen hat Geely nicht nur fünf Wagenmodelle[356] auf den Markt gebracht, sondern Geelys „Beauty Leopard", der erste chinesische Sportwagen überhaupt, wurde im Oktober 2003 vom China National Museum als Dauer-Aufbewahrungsstück und Exponat erworben.[357] Auf der NAIAS (North American International Auto Show) in Detroit 2006 hat Geely als der erste chinesische Autohersteller der neunjährigen Geschichte der Detroiter Autoausstellung sein Wagenmodell 7151CK zur Schau gestellt.[358]

Geely kooperiert in puncto Design, Entwicklung und Herstellung von neuen Fahrzeugmodellen[359] mit der koreanischen Daewoo International Corporation sowie mit anderen Firmen aus Taiwan und Deutschland,[360] unterhält aber kein Gemeinschaftsunternehmen mit einem ausländischen Partner. Im Jahr 2005 exportierte Geely beinahe 7.000 Einheiten Pkw in 28 verschiedene Länder.[361] Der Entwicklungspfad von Geely weist große Potenziale auf, wenn er auch begleitet wird von Vorwürfen und Klagen internationaler Automobilhersteller.[362]

---

354 Mit einen Vermögen von 130 Mio. US$ wurde Li als Nr. 54 der 100 reichsten Chinesen in der „Forbes' China Rich List" geführt. Vgl. Automotive Resources Asia (2003).

355 Vgl. Wirtschaftswoche Sonderheft China [Grübeln 2005]; Michael (2003), S. 12.

356 Vgl. Geely Website.

357 Vgl. o.V. [Chronologie 2004].

358 Vgl. o. V. [U.S. 2006]

359 Vgl. Li Ling (2004).

360 Vgl. Michael (2003), S. 12.

361 Vgl. o. V. [Geely 2006].

362 Geely wurde bereits zweimal von Toyota verklagt. Der Vorwurf: Geely habe seit Jahren Toyota-Motoren als Lieferteile von einem chinesischen Partner Toyotas in China bezogen und das Logo von Geelys Modell „Merrie" ähnele zudem dem Logo Toyotas zu sehr. Vgl. Michael (2003), S. 16, 20–21.

Geely hat zwar aufgrund von Personalentscheidungen sicherlich das Wohlwollen der Provinzregierung von Zhejiang und gilt als Vorbild im Zuge der nationalen Anstrengung zum Aufbau einer chinesischen Automobilindustrie,[363] auf längere Sicht ist es aber schwer vorstellbar, dass ein nichtstaatliches Unternehmen, das sich auf die Fahnen geschrieben hat, den chinesischen „Volkswagen" schlechthin zu entwickeln, auf Dauer genügend Unterstützung von der chinesischen Zentralregierung bekommen wird, um mit staatlichen Automobilunternehmen konkurrieren zu können. Deshalb ist anzunehmen, dass Geely früher oder später im Rahmen der Prämissen des Szenarios B in einem größeren staatlich kontrollierten Mutterkonzern aufgehen wird. Wie oben bereits erwähnt wäre die DMC, der es an eigenen Marken mangelt, geradezu ideal geeignet, deshalb wird ein Aufgehen von Geely in der DMC bis 2015 antizipiert.

Eine immer engere Zusammenarbeit mit der DMC bahnt sich zu guter Letzt für **South East Motors (SEM)** an. Deren taiwanesischer JV-Partner Yulon (JV-Gründung: 1995)[364] kooperiert eng mit Nissan und bezieht seine Basismodelle von dem japanischen Hersteller.[365] Nissan ist mit 25% an Yulon beteiligt.[366] Darüber hinaus hat Yulon im März 2000 ein JV mit der DMC zur Produktion von Wagenmodellen, basierend auf dem Bluebird von Nissan, gegründet.[367] Dieses JV wurde 2002 durch das neue JV zwischen Nissan und der DMC ersetzt.[368] Aufgrund der besonderen Beziehungen zwischen den drei Parteien sowie der technischen Kooperation von Yulon und Nissan wäre es sehr plausibel, dass SEM künftig seine Zusammenarbeit mit der DMC vertiefen würde und bis 2015 sogar mit der DMC zusammenwächst.

Durch all die beschriebenen möglichen Fusionen würde eine verschärfte künstliche Wettbewerbssituation unter dem Dach der DMC entstehen. Es erhöhte sich der Druck auf alle ausländischen Partner (Nissan, PSA, Hyundai/KIA, Daimler, Honda), die dann zum Teil Autos in denselben Wagensegmenten unter der Schirm-

---

363 Der neue Provinzgouverneur von Zhejiang besichtigte Geely gleich bei seinem Amtsantritt; der jetzige Vorstandsvorsitzende von Geely, Xu Kang, ist ein ehemaliger hochrangiger Parteikader der Provinzregierung von Zhejiang. Vgl. o. V. [Geely 2003]; Michael (2003), S. 14.

364 Vgl. SEM/Yulon Website.

365 Vgl. Nanfang Daily [Yulon 2003].

366 Vgl. Nanfang Daily [Yulon 2003]; Jia Ke [Detroit 2004].

367 Vgl. Jia Ke [Detroit 2004].

368 Vgl. Nanfang Daily [Yulon 2003].

herrschaft nur eines einzigen großen Mutterkonzerns herstellen müssten. Das wäre ganz im Sinne der DMC und den Strategen der „Think-tanks“ der chinesischen Regierung.

Damit stellte sich im Rahmen des wahrscheinlichsten Szenarios B eine plausible Unternehmensstruktur eines gewachsenen Mutterkonzerns DMC im Jahre 2015 wie in Abbildung 9 gezeigt dar.

Abbildung 9: Die Unternehmensstruktur eines möglichen Mutterkonzerns DMC im Jahre 2015

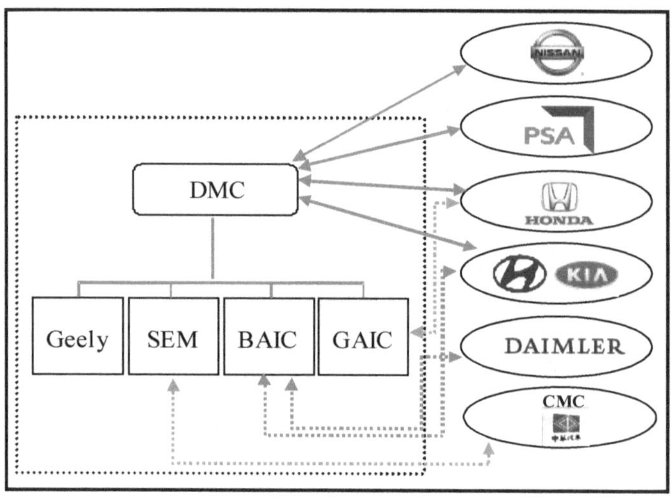

Eigene Darstellung

4.2.2.2.2 „Übernahmekandidaten“ für SAIC

Betrachten wir nun mögliche „Fusionskandidaten“ von SAIC. Dabei sollte man vor allem sein Augenmerk auf Chery und NAIC richten.

Die staatliche **Chery Automobile Corporation Ltd.** musste nach ihrer Gründung 1997 eine Allianz mit SAIC bilden und 20% Anteile unentgeltlich an SAIC übergeben, um im Jahr 2001 überhaupt erst die Genehmigung der Zentralregierung für die Pkw-Produktion zu bekommen.[369] Durch die engen Beziehungen mit SAIC wurde die Entwicklung von Chery enorm befördert. Das Unternehmen bezieht Lieferteile von denselben Lieferanten, die auch die JV-Produktion von Volkswagen mit SAIC und FAW versorgen.[370] In Cherys gleich-

[369] Vgl. Lu Feng (2004); o. V. [Trennen 2004].

[370] Vgl. Ernst & Young (2005), S. 7.

namigem Einstiegsmodell Chery wurden zu 60% Originalteile des VW-Modells Jetta festgestellt.[371] Auch bei dem Modell QQ wurden Plagiatsvorwürfe erhoben: Chery habe beim Design des Modells einfach das Modell Spark des zweiten JV-Partners von SAIC, General Motors, kopiert.[372]

Die Frage bleibt offen, ob Chery in der Anfangszeit durch aggressive, juristisch fragwürdige Methoden an Technologien und Produktionserfahrungen gekommen ist. Feststeht, dass Chery intensiv seine Entwicklung vorantreibt. Das Unternehmen kooperiert mit international renommierten Unternehmen wie AVL in Österreich zur Entwicklung eigener Motoren.[373] Bereits 2004 exportierte Chery rund 8.000 Autos nach Syrien, Iran, Irak, Ägypten, Bangladesch, Kuba, Malaysia und in andere Schwellenländer.[374] Ende 2006 unterhielt Chery bereits mit 25 Ländern Handelsbeziehungen.[375] Die Anzahl der Exportautos von Chery macht 80% des gesamten Pkw-Exports Chinas aus.[376]

Ein Vertrag über Export und Vertrieb in den USA mit dem amerikanischen Unternehmen Visionary Vehicles LLC in Höhe von jährlichen 250.000 Einheiten ab 2007 ist zwar geplatzt.[377] Aber Chery hat im Herbst 2006 mit dem US-Autobauer Chrysler eine gemeinsame Produktion von Kleinwagen in China vereinbart. Das neue Auto soll unter einer Chrysler-Marke auf den US-Markt gebracht werden.[378] Im März 2007 hat der ehemalige DaimlerChrysler-Aufsichtsrat der Vereinbarung zugestimmt.[379] Unabhängig von der Erfüllung dieses Vorhabens kann sich Chery auch noch über eine weitere Kooperation freuen, und zwar einer mit Fiat. Nach Fiats Rückzug aus dem JV mit NAIC haben Fiat und Chery im August 2007 eine Absichtserklärung unterzeichnet: Ein JV zur Pkw-Produktion mit einer Anteilsverteilung von 50:50 soll 2009

---

371 Vgl. Die Welt [Überkapazitäten 2004]; Handelsblatt [US-Markt 2005].

372 Vgl. Ernst & Young (2005), S. 7.

373 2002/2003 hat Chery die österreichische Firma AVL beauftragt, 18 verschiedene 0,8- bis 4,2-Liter-Motoren zu entwickeln. Vgl. Lu Feng (2004).

374 Vgl. Asia Times (2005).

375 Vgl. o. V. [Entwicklung 2006].

376 Vgl. o. V. [Entwicklung 2006].

377 Vgl. Ernst & Young (2005), S. 6; Handelsblatt [US-Markt 2005].

378 Vgl. Handelsblatt [Chery 2006].

379 Vgl. DaimlerChrysler Website.

gegründet werden. Die Produktionskapazität wurde auf zunächst 175.000 Einheiten festgelegt.[380]

Aufgrund der Interessenskonflikte zwischen Chery und General Motors sowie Chery und Volkswagen und wegen unterschiedlicher Vorstellungen über eine weitere Kooperation in den Führungsetagen bei SAIC und Chery, ist die Allianz zwischen den beiden zwar im September 2004 offiziell aufgelöst worden, aber SAIC gab seine Anteile unentgeltlich wieder zurück.[381] Das weist darauf hin, dass die beiden staatlichen Unternehmen weiter stark an einem Miteinander interessiert sind.

Meiner Ansicht nach werden Chery und SAIC zu einem späteren, reiferen Zeitpunkt wieder zusammenrücken, weil Chery für seine weitere Expansion enorme Mittel und Ressourcen benötigt. Als ein Unternehmen auf Provinzebene - Cherys Stammsitz liegt in der Provinz Anhui in Zentralchina - ohne ausländische Beteiligung könnte Chery mit der Zeit finanzielle Schwierigkeiten bekommen. Eine Fusion mit SAIC würde diese Schwierigkeiten lösen. Gleichzeitig könnte der ebenso staatliche „Gigant" SAIC von Cherys Know-how profitieren und sein Produktportfolio erweitern. Als eine Unternehmenseinheit wären beide stärker, um sich im globalen Konkurrenzkampf zu behaupten.

Anknüpfungspunkte, die auf ein Zusammenwachsen mit SAIC bis 2015 hindeuten, finden sich auch bei der staatlichen **Nanjing Automotive Industry Corporation** (NAIC), die von April 1999 bis Ende 2007 ein JV mit Fiat unterhielt.[382] Fiat beendete die Zusammenarbeit laut offiziellen Angaben aufgrund unterschiedlicher Vorstellungen bezüglich Eigenentwicklungen von NAIC sowie künftige Investitionen in das JV.[383] Fiat gab die Trennung am 27. Dezember 2007 auf der eigenen Homepage bekannt.[384] Damit ist Fiat nach Peugeot der zweite ausländische Automobilhersteller, der aus einem JV zur Pkw-Produktion mit einem chinesischen Partner wieder ausgestiegen ist.[385]

NAIC hat im Juli 2005 „Restposten" an Produktionsanlagen und Technologien aus der Konkursmasse von MG Rover erworben[386] -

380 Vgl. o. V. [Schicksal 2007].

381 Vgl. o.V. [Trennen 2004].

382 Vgl. NAIC/Fiat Website.

383 Vgl. o. V. [NAIC/Fiat 2007]; o. V. [Schicksal 2007].

384 Vgl. o. V. [Einkauf 2008].

385 Vgl. o. V. [Schicksal 2007].

386 Vgl. BBC News [Rover 2005].

welche genau, wurde bislang nicht öffentlich bekannt gegeben – und ist damit in Konkurrenz zu SAIC getreten. SAIC hatte zuvor bereits die Plattformen für die Modelle Rover 25 und 75 aufgekauft.[387]

Da SAIC und NAIC aber beide staatlich kontrollierte Unternehmen sind, liegen Interessenskonflikte wenn überhaupt in lokalpatriotischen Befindlichkeiten begründet. Dass bestimmte Regierungsebenen mit der Unterstützung von NAIC die Industrialisierung in der Provinz Zhejiang vorantreiben wollen, schließt jedoch nicht aus, dass im Laufe der Jahre bis 2015 SAIC und NAIC zusammenwachsen könnten. Die beiden Unternehmen sind aufgrund der Überschneidungen im Technologiebereich seit dem Ausverkauf von MG Rover geradezu für eine Fusion prädestiniert.

Pressemeldungen von Anfang 2008 zufolge ist dieses Szenario zwischenzeitlich so gut wie eingetreten: Nach der Trennung zwischen NAIC und Fiat haben SAIC und NAIC im Dezember 2007 einen Kooperationsvertrag unterzeichnet.[388] Die Zusammenarbeit basiere auf gegenseitigem Austausch von Unternehmensanteilen, heißt es.[389] Zweifelsohne hat die chinesische Zentralregierung eine Schlüsselrolle bei der „Eheschließung" der zwei Rivalen gespielt.

Damit stellte sich im Rahmen des wahrscheinlichsten Szenarios B eine plausible Unternehmensstruktur eines gewachsenen Mutterkonzerns SAIC im Jahre 2015 wie folgt dar:

Abbildung 10: Die Unternehmensstruktur eines möglichen Mutterkonzerns SAIC im Jahre 2015

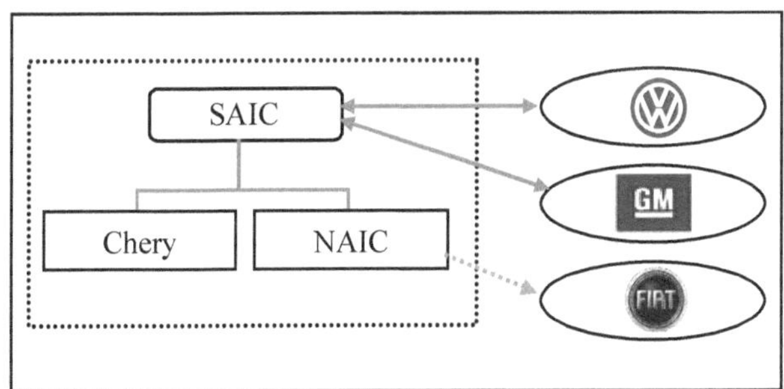

Eigene Darstellung

387 Vgl. AFP [Rover-Eigentümer 2005]; BBC News [Rover 2005].

388 Vgl. o. V. [Einkauf 2008].

389 Vgl. o. V. [Einkauf 2008].

4.2.2.2.3 Der „Übernahmekandidat" für FAW

Der Interessens- und Machtkampf zwischen den planwirtschaftlichen Kontrollinstanzen der chinesischen Regierung auf der einen und Privatunternehmen auf der anderen Seite könnte kaum anschaulicher als am Beispiel der **Brilliance Holdings Ltd.** aus Shenyang in der nordostchinesischen Provinz Liaoning verdeutlicht werden.[390] Nach Auffassung des JV-Partners BMW - das Gemeinschaftsunternehmen wurde im März 2003 gegründet[391] - wäre Brilliance als ein marktorientiertes Privatunternehmen mit großer operativer Flexibilität und eingeschränkten Interventionsmöglichkeiten seitens der Regierung der ideale JV-Partner gewesen.[392]

Aber der Regierung wollte die Idee gar nicht gefallen, dass ein ausländisches Automobilunternehmen mit einem Privatunternehmen ein JV eingeht, anstatt einen staatlichen Automobilhersteller mit modernen Technologien und Know-how zu versorgen. So wurde Brilliance unter dem Vorwurf der Steuerhinterziehung gegen den Firmeninhaber Yang Rong 2001 von der Regierung „beschlagnahmt" und zu einem Staatsbetrieb umgewandelt. Yang Rong konnte noch rechtzeitig in die USA fliehen.[393] Das Beispiel Brilliance verdeutlicht, dass die chinesische Regierung die Macht und Entschlossenheit hat, die Entwicklung der chinesischen Automobilindustrie nach eigenen Vorstellungen und auch gegen den Willen von Weltkonzernen wie BMW zu steuern.

Vor diesem Hintergrund ist ein weiteres Eingreifen der Regierung bei Brilliance mit dem Ziel, eine Fusion mit FAW zu erreichen, aus mehreren Gründen plausibel zu antizipieren. Zum einen ist die geographische Nähe zu nennen - FAW hat seinen Sitz in Changchun in der Nachbarprovinz Jilin. Zum anderen unterhält Toyota, der JV-Partner von FAW, seit 1988 eine enge technische Kooperation im Bereich Leichttransporter (Van/MPV) mit Brilliance.[394] Im Falle einer Fusion würde aber nicht nur Toyota-Know-how unter dem Dach von FAW gebündelt, FAW könnte darüber hinaus mit BMW einen weiteren internationalen Hersteller von Autos der Premiumklasse, neben Volkswagen und Audi, als Partner gewin-

---

[390] Vgl. Xiucai, Nr. 53/21. Januar 2005, S.9f.

[391] Vgl. CATARC (2004); Jia Ke [BMW 2004].

[392] Vgl. Sieren (2005), S. 258; Jia Ke [BMW 2004].

[393] Vgl. Sieren (2005), S. 259-261; Jia Ke [BMW 2004].

[394] Vgl. Toyota (China) Website [1].

nen.[395] Innerhalb einer großen Muttergesellschaft FAW verschärfte sich die Konkurrenzsituation für VW, BMW und Toyota. FAW könnte die drei Konzerne gegeneinander ausspielen und besser in Schach halten.

Damit stellte sich im Rahmen des wahrscheinlichsten Szenarios B eine plausible Unternehmensstruktur eines gewachsenen Mutterkonzerns FAW im Jahre 2015 wie folgt dar:

Abbildung 11: Die Unternehmensstruktur eines möglichen Mutterkonzerns FAW im Jahre 2015

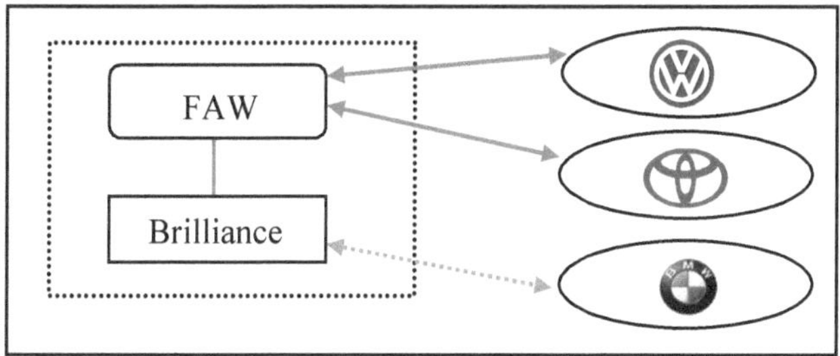

Eigene Darstellung

4.2.2.3 Unternehmenslandschaft der Zukunft

In der untenstehenden Gesamtübersicht werden die plausibel hergeleiteten Fusionen oder Übernahmen im Rahmen des Konsolidierungsprozesses bis zum Jahr 2015 zusammenfassend dargestellt. Dabei wurde das Augenmerk bewusst nur auf die gegenwärtig maßgeblichen elf chinesischen Automobilunternehmen für die Pkw-Produktion gerichtet. Insofern blieb für Chang'an nur in der Darstellung kein „Fusionskandidat" übrig, Chang'an wird aber als eigenständige staatliche Unternehmenseinheit erhalten bleiben und sich im Laufe der Jahre bis 2015 sicherlich noch andere Unternehmen einverleiben, die aber nicht im Fokus unserer Betrachtung liegen. Zu großen Muttergesellschaften werden daneben laut unseren Annahmen SAIC, FAW und DMC heranwachsen.

[395] Volkswagen produziert seit 2000 mit FAW den A6 und seit 2003 auch den A4. Vgl. Jia Ke [VW 2004].

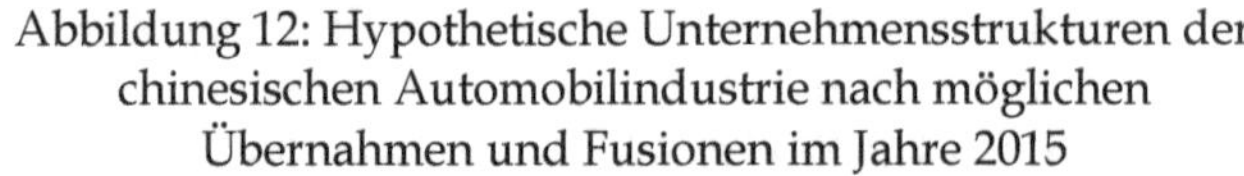

Abbildung 12: Hypothetische Unternehmensstrukturen der chinesischen Automobilindustrie nach möglichen Übernahmen und Fusionen im Jahre 2015

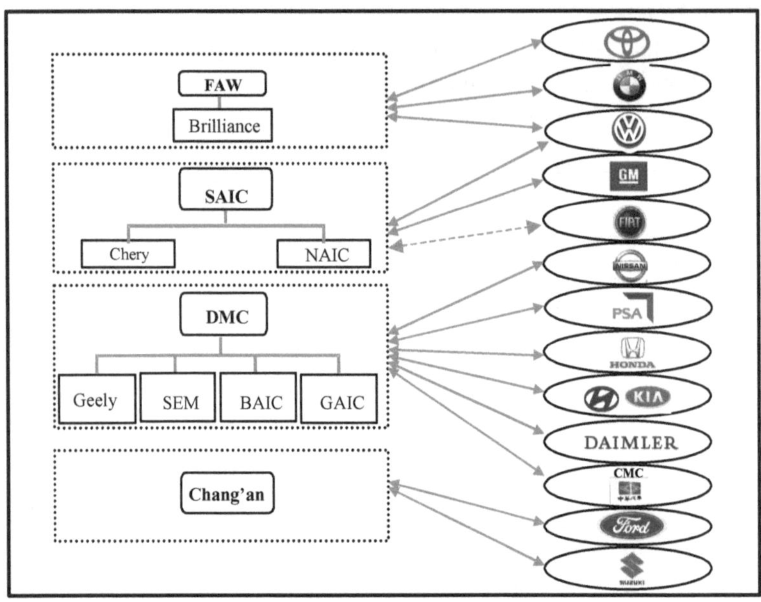

Eigene Darstellung

4.2.3. Auswirkungen auf einheimische und internationale Automobilhersteller

Gemäß der vorangegangenen Analyse wird die chinesische Automobilindustrie im Rahmen des wahrscheinlichsten Szenarios B bis zum Jahr 2015 zu vier großen Unternehmensgruppen konsolidiert. Welche Auswirkungen hätte dies für die chinesischen und ausländischen Automobilunternehmen?

Die regional- und unternehmensübergreifende Konsolidierung von JV mit internationalen Automobilunternehmen erfüllte ihren Zweck: Der chinesischen Planungskommission lag zunächst daran, eine landesweit blühende „JV-Landschaft" ins Leben zu rufen, um die Modernisierung der chinesischen Automobilindustrie in verschiedenen Regionen Chinas durch die Hilfe internationaler Automobilunternehmen voranzutreiben. Auf diese Weise brachte sie China auf den Weg, Kompetenzen im Kleinwagensegment aufzubauen, die in den Jahren bis 2015 nunmehr gezielt erweitert werden sollen. Mittel für die Kompetenzerweiterung ist eine Bündelung der Leistungsfähigkeiten verschiedener chinesischer Unternehmen durch die Zusammenführung in wenigen Muttergesellschaften. Dadurch kann die chinesische Seite zudem die „Vorteile" einer Zusammenarbeit mit den internationalen Automobilkonzernen optimal ausschöpfen.

Die ausländischen Automobilhersteller sind dann 2015 China in den Bereichen Technologie und Produktionserfahrungen zwar immer noch weit voraus. Sie dominieren weiterhin das Mittelklassewagen- und Premiumsegment. Allerdings befinden sie sich als jeweils nur ein Partner von vielen der neu entstandenen größeren Muttergesellschaften in einer denkbar ungünstigen Position. Der Wettbewerb zwischen den ausländischen Automobilunternehmen verschärft sich zunehmend, sie produzieren quasi unter einem Dach, zum Teil im selben Segment. Ihre Einflussmöglichkeiten haben sich verringert. Die chinesische Seite kann die ausländischen Hersteller noch effizienter gegeneinander ausspielen und zu Zugeständnissen bewegen.

Das nächste Etappenziel der chinesischen Planungskommission nach 2015 wäre die Expansion der chinesischen Autobauer in das Mittelklassewagen- oder sogar Premiumsegment hinein.

4.2.4 Überlegungen zur strategischen Vorbereitung auf das wahrscheinlichste Szenario der Konsolidierung

Im Rahmen der Strategieauswahl nach M. E. Porter auf Basis der durch die Szenariotechnik gebündelten Zukunftsbilder wurde die Hauptplanungsausrichtung „Auf das wahrscheinlichste Szenario setzen" als die für China und den Konsolidierungspfad seiner Automobilindustrie kompatibelste erkannt. Geht man folgerichtig davon aus, dass Szenario B („Balanced Division of Power) im Jahre 2015 samt antizipierter Unternehmensstrukturen mit SAIC, FAW, DMC und Chang'an als große Muttergesellschaften eintritt und hält sich die im vorigen Kapitel beschriebenen Auswirkungen vor Augen, so stehen die Konzernleitungen der internationalen Automobilunternehmen vor der Herausforderung, sich strategisch darauf vorzubereiten.

Verständlicherweise können hier ohne Firmen-Insider-Wissen und Interna sowie aus Platzgründen keine konkreten Strategien für jeden einzelnen der Konzerne entwickelt werden. Es kann im Folgenden stattdessen lediglich darum gehen, allgemeine Strategie-Ansätze zur erarbeiten und Gedankenanstöße zu geben.

Die China-Strategie der internationalen Autokonzerne hängt maßgeblich davon ab, ob sie China als einen Absatzmarkt oder als einen Produktionsstandort für den Export einstufen. Soll China in die globale Beschaffung des Konzerns einbezogen werden? Ist China Sprungbrett für Ausfuhren in die Asean-Länder oder gar „zurück" in die Heimatmärkte in Europa und in den USA?

4.2.4.1 Reine Export-Joint-Venture

Honda beispielsweise setzt auf eine zweigleisige Strategie. Das Unternehmen betrachtet China sowohl als Absatzmarkt als auch als Produktionsstandort für den Export. Mit einer vergleichsweise geringen Anfangsinvestition von 200 Millionen US$ (1998)[396] und Reinvestitionen in China ausschließlich aus Gewinnen[397], die bis Ende 2003 900 Millionen US$ betragen haben sollen,[398] steht Honda als JV-Partner von GAIC und DMC vor dem Hintergrund eines kurz- bis mittelfristigen Planungshorizonts gut da - obschon das Unternehmen eine Produktstrategie fährt, die den Transfer der besten und neusten Modelle nach China beinhaltet,[399] und sich dadurch der Gefahr des Know-how-Diebstahls aussetzt. Neben der JV-Produktion für den Binnenmarkt hat Honda als erstes und bislang einziges ausländische Automobilunternehmen auch ein Export-JV gegründet - jenes, bereits erwähnte mit GAIC, an dem DMC 10% hält. Im Moment läuft dort das Wagenmodell Jazz für die Ausfuhr vom Band. Honda hat sich durch diesen Schritt Raum für Expansion jenseits des immer stärker umkämpften chinesischen Binnenmarktes geschaffen - Raum für Expansion, der dem Unternehmen auch im Falle eines Zusammenwachsens von GAIC und DMC im Laufe der Jahre bis 2015 erhalten bliebe.

Wer auf China als Produktionsstandort setzt, diesen Produktionsstandort in die globale Beschaffung des Konzerns einbeziehen möchte und als Sprungbrett für die Abdeckung von Exportmärkten betrachtet, der sollte prüfen, ob nicht reine Export-JV gegenwärtig ein Strategieelement sein könnten, um sich im Zuge des Konsolidierungsprozesses in China zu behaupten. Die im Moment von chinesischer Regierungsseite stark begünstigte Investitionsalternative des Export-JV wird weder von der „50:50"- noch von der „Nur-zwei-JV-zur-Auto-Produktion"-Vorschrift erfasst. Offensicht-

---

396 Vgl. o. V. [Honda 2003].

397 Vgl. o. V. [GAIC/Honda 2004].

398 Vgl. o. V. [Geheimnisse 2004].

399 Vgl. o. V. [GAIC/Honda 2004].

lich sind aber die meisten ausländischen Konzerne momentan auf den wachsenden chinesischen Binnenmarkt fixiert.

Im Bezug auf den Binnenmarkt ist China zweifellos ein schwieriger Partner, weil das Land nach internationalem Dafürhalten auch nach dem WTO-Beitritt unakzeptable Investitionsbedingungen und Beschränkungen für den Marktzugang aufrechterhält und zum Technologie- und Know-how-Transfer nötigt. Die Botschaft Chinas ist eindeutig: Das Land möchte sich nicht auf Dauer nur mit der Rolle des „Produktionsgehilfen" der internationalen Automobilkonzerne zufrieden geben. China strebt nach einer eigenen Automobilindustrie. Vor diesem Hintergrund gleicht ein China-Engagement weiterhin einer Gratwanderung zwischen ausnutzen und ausgenutzt werden. Diese Gratwanderung geschieht wiederum in einem Umfeld, das durch zunehmenden Konkurrenzdruck geprägt ist. Tritt das Szenario B ein, so wird sich für strategisch falsch aufgestellte Unternehmen dieser Konkurrenzdruck um ein Vielfaches verschlimmern und sie werden sich in einer Lage wiederfinden, in der sie viel mehr ausgenutzt werden als ausnutzen zu können.

Wer sich China auf Basis eines langfristigen Planungshorizontes als Absatzmarkt erhalten möchte, für den könnten sich indes zwei Strategieansätze auszahlen:

1) Auf nur einen chinesischen Partner setzen.
2) Die Entwicklung hochwertiger, zukunftsorientierter Technologien gemeinsam mit chinesischen Partnern vorantreiben.

4.2.4.2 Für den Binnenmarkt: Auf nur einen chinesischen Partner setzen

Zurzeit verfügen Volkswagen, Toyota und Honda über jeweils zwei chinesische JV-Partner, und es gibt Anzeichen dafür, dass auch Daimler[400] und PSA[401] daran interessiert sind, noch eine zweite Partnerschaft für die Pkw-Produktion in China einzugehen. Das Kalkül der internationalen Automobilhersteller, „nicht alle Eier in einen Korb zu legen", um die eigene Markt- und Machtposition zu festigen, erscheint auf den ersten Blick zwar strategisch richtig, dabei werden aber China-spezifische Gefahren unterschätzt.

Neben dem hohen Investitionsaufwand für ein zweites JV sowie den auf Protektionismen der verschiedenen Regionen Chinas beruhen-

400 Vgl. Handelsblatt [Daimler 2005].

401 Vgl. o. V. [PSA 2005].

den Hindernissen bei der Auswahl der Zulieferer und dem Aufbau des Liefernetzes stellen die potenziellen Koordinationserfordernisse innerhalb von zwei JV und die dadurch verbundenen Machtkämpfe sowie das entstehende gegenseitige Misstrauen Geschäftsrisiken dar, die man nicht unterschätzen sollte.

Angesichts der sich anbahnenden Konsolidierung könnte es deshalb für die internationalen Konzerne sinnvoller sein, sich auf einen chinesischen Partner bei der Pkw-Produktion für den Binnenmarkt zu konzentrieren und mit diesem eine optimierte Win-Win-Situation zu schaffen, um gemeinsam eine starke Marktposition zur erringen und zu erhalten.

Das Beispiel General Motors verdeutlicht die Erfolgspotenziale einer aktiven „Ein-Partner-Strategie", die ganz nach dem Motto des CEO Rick Wagoner verläuft: „Wer in China Erfolg haben möchte, sollte sich selbst als ein chinesisches Unternehmen betrachten".[402] GM hat in das JV mit SAIC 1,5 Milliarden US$ investiert,[403] hat mit SAIC in Qingdao und Yantai in der Provinz Shandong einen Produktionsstandort aufgebaut, mit SAIC zusammen Jinbei konsolidiert sowie ein JV mit Wuling gegründet[404] und holte SAIC im Zuge seines Einstiegs beim südkoreanischen Autobauer Daewoo als Partner mit ins Boot. GM hält seither 42,1% und SAIC 10% an Daewoo.[405] Außerdem betreibt GM in China eine Lokalisierung ohne Vorbehalte.[406] Das erklärte Ziel ist, jedes Jahr ein neues Modell nach China zu bringen.[407] Nicht zuletzt gehört GM zu den in China aktivsten Konzernen, was die Verbesserung und Anpassung von Fahrzeugen hinsichtlich landesspezifischer Besonderheiten betrifft.[408]

Natürlich stellt sich die Frage, ob GM nicht Gefahr läuft, von SAIC übervorteilt zu werden, aber GM wird mit dieser Strategie in einem konsolidierten Mutterkonzern SAIC im Jahre 2015 wahrscheinlich mehr Befürworter haben.

Es gibt kein Patentrezept für eine sichere und erfolgreiche Zusammenarbeit mit den chinesischen JV-Partnern. So sind auch internationale Automobilkonzerne, die stolz auf eine lange

---

402 Vgl. Jia Ke [Murtaugh 2005].

403 Vgl. Shanghai GM Website; o. V. [GAIC/Honda 2004]; o. V. [Gegenoffensive 2004].

404 Vgl. Jia Ke [Murtaugh 2005].

405 Vgl. o. V. [GM 2002]; Nanfang Daily [SAIC 2004]; BBC News [GM 2002].

406 Vgl. Jia Ke [Murtaugh 2005].

407 Vgl. o. V. [Gegenoffensive 2004].

408 Vgl. Jia Ke [Murtaugh 2005].

Tradition voller Pioniergeschichten zurückblicken, nicht davor gefeit, in China Managementfehler zu begehen. Als eines der bekanntesten Beispiele hierfür kann der deutsche VW-Konzern gelten. Trotz seines bereits 20-jährigen Engagements in China hat sich VW zu lange auf die Überzeugung verlassen, mit zwei veralteten Modellen - Santana und Jetta[409] - kontinuierlichen Erfolg auf dem chinesischen Markt zu haben. Der Marktanteil der Wolfsburger sank von 62,1% im Jahr 1997[410] auf 29% im Jahr 2004.[411] 2005 betrug der Marktanteil von VW 17,3%[412] und ein Jahr später sogar nur noch 9,65%. 2006 hatte GM mit einem Marktanteil von 11,8% die Wolfsburger vom ersten Rang als Marktführer verdrängt.[413]

VW hat durch die Auswahl zweier Konkurrenten als JV-Partner, SAIC und FAW, für viel Missmut gesorgt. Zwei Jahrzehnte hielten die Wolfsburger Augen und Ohren vor dem Streben seiner zwei Partner nach „state-of-the-art"-Technologien, vor der Lernfähigkeit Chinas und vor der steigenden Bedeutung der chinesischen Automobilindustrie in einer globalisierten Welt verschlossen und mussten mit den Folgen leben.

Erst Ende 2005 wachte das VW-Management auf und leitete eine Reihe maßgeschneiderter Aktivitäten ein: der sogenannte „Olympia-Plan". [414] Kernpunkte des Plans sind die Reduzierung der Produktionskosten um 40% bis 2008, die Einführung von zehn bis zwölf neuen Wagenmodellen bis 2009 sowie die verstärkte Differenzierung der Produktpalette der zwei JV-Partner SAIC und FAW.[415]

Die strategische Umorientierung zeigte Wirkung: Bis Ende 2007 hatte VW eine Lokalisierung von über 83% erreicht und die Produktionskosten dadurch um 30% gesenkt.[416] Im Jahr 2007 konnte

---

409 VW hat 1984 Santana in der JV-Produktion mit SAIC und 1991 Jetta in der JV-Produktion mit FAW eingeführt. Von diesem Zeitpunkt an bis 2000 hat VW keine weiteren Wagenmodelle nach China transferiert. Erst in den Jahren 2000 bis 2003 zog VW die neuen Wagenmodelle Passat B5, Polo, Gol und Touran mit SAIC beziehungsweise die Modelle Audi A6, Bora, Audi A4 und Golf mit FAW nach. Vgl. Jia Ke [VW 2004].

410 Vgl. Ernst & Young (2005), S. 10.

411 Vgl. Fourin China Auto Weekly, 2. November 2005; Die Welt [Debakel 2005].

412 Vgl. Dpa [Volkswagen 2006].

413 Vgl. o. V. [Zuwächse 2007].

414 Vgl. o. V. [Olympia-Plan 2005].

415 Vgl. o. V. [Olympia-Plan 2005].

416 Vgl. o. V. [VW Vahlend 2008].

VW mit seinen zwei Partnern wieder zum Marktführer aufsteigen mit einem Pkw-Absatz von 780.784 Einheiten und einem Marktanteil von 18%.[417]

Man darf jedoch gespannt sein, wie sich die „Zwei-Partner-Unternehmung" der Wolfsburger in China entwickelt. Problematisch ist, dass sich die JV-Herstellung der beiden Partner SAIC und FAW trotz Differenzierung der Produktpalette weiter gegenseitig Konkurrenz macht. Sinnvoller wäre hier eine deutliche Segmentabgrenzung. Natürlich ist eine solche Segmentabgrenzung aus dem laufenden Betrieb heraus kaum machbar.

Diese Problematik sollten Unternehmen, die damit liebäugeln, eine zweite JV-Partnerschaft einzugehen, unbedingt bedenken. Nur bei einer deutlichen Segmentabgrenzung scheint aus heutiger Sicht eine „Zwei-Partner-Unternehmung" in China längerfristig sinnvoll: Dann wären ausländische Konzerne im Falle einer Konsolidierung im Rahmen des Szenarios B tatsächlich nicht nur von einem chinesischen Mutterkonzern abhängig; und selbst wenn beide chinesische JV-Partner in einem einzigen Großkonzern zusammenwüchsen, hätte man mit einer Segmentabgrenzung weiterhin Spielraum und Verhandlungsmasse, weil man verschiedene Kompetenzfelder mit einbringen würde.

4.2.4.3 Hochwertige und zukunftsorientierte Technologien

Ein langfristiger Erfolg in China ist längst nicht mehr nur dadurch gesichert, dass man seine Produktionsstätten erweitert und neue Standorte erschließt, um die steigende Nachfrage zu decken. Der Erfolg ist stattdessen viel mehr von einem geschickten Zusammenspiel mit dem chinesischen JV-Partner abhängig. Wie unzählige Beispiele zeigen, wird derjenige, der nicht bereit ist, hochwertige Technologien in China anzusiedeln, früher oder später dazu genötigt. Autokonzerne, die sich für China als langfristigen Absatzmarkt entschieden haben, werden nicht umhinkommen, hinsichtlich des Know-how-Transfers *nolens volens* Zugeständnisse zu machen. Die Konkurrenz schläft schließlich nicht, und wer in China als Partner auftritt, wird im Zuge der Konsolidierung bis 2015 größere Überlebenschancen haben als ausländische Unternehmen, welche die Konfrontation suchen.

Überlegenswert erscheint in diesem Zusammenhang deshalb, ob ein aktiver Einsatz für F&E gerade im Bereich alternativer Antriebs-

---

[417] Vgl. o. V. [Marktanteil 2008].

technologien in China die eigene Marktposition stärken könnte. Vor dem Hintergrund der Bevölkerungszahl und der Umweltproblematik wird Chinas Massenmotorisierung wohl nicht auf konventionelle Weise erreicht werden können. Der langfristige Markterfolg der internationalen Autokonzerne in China wird darum auch davon abhängen, ob sie zukunftsweisende Lösungen für eine dauerhafte, umweltverträgliche Motorisierung in China bieten können.[418] In China, dessen Regime Veränderungen auch gegen den Willen von Interessensgruppen forcieren kann, erscheint beispielsweise eine nachhaltige Einführung der Wasserstofftechnologie möglicher als in Europa oder in den USA. Ausländische Automobilkonzerne könnten diese Ironie der Geschichte als Chance nutzen, gemeinsam mit chinesischen Partnern erste, hohe Maßstäbe für zukunftsweisende Fahrzeugtechnologien zu setzen, neue Standards zu entwickeln und so für sich eine günstige Wettbewerbssituation in China und auf dem Weltmarkt zu schaffen.[419]

---

418 Chinas intensive Aktivitäten zur Entwicklung von alternativen Treibstoffen und Antrieben werden in der WZB-Studie: China - Automobilmarkt der Zukunft? (2004) von Marc Wieder ausführlich beschrieben.

419 Internationale Automobilunternehmen wie Toyota oder GM treiben bereits die Entwicklung alternativer Fahrzeugtechnologien in China voran. Toyota produziert seit Ende 2005 gemeinsam mit FAW sein Hybrid-Modell Prius. Der Verkauf startete am 15. Januar 2006 in Peking (Verkaufspreis: zwischen 288.000 und 302.000 RMB, das entspricht 35.000 bis 37.000 US$). Vgl. BBC News [Toyota 2005]; Shanghai Daily [Prius 2006]. Mit Wasserstoff betriebene Test-Taxis von GM und SAIC sollten Ende 2005 in Shanghai in Betrieb gehen. Vgl. Bfai [Kraftstoffverbrauch 2005]. 2008 möchten GM und SAIC ein gemeinsam entwickeltes Hybridauto auf den Markt bringen. Vgl. o. V. [Hybridautos 2006].

5 Zusammenfassung und Ausblick

Wohin geht die Fahrt der chinesischen Automobilindustrie? Alle in China engagierten internationalen Automobilkonzerne und ihre Zulieferer würden sich diese Frage nur zu gern beantworten. Im Rahmen der Untersuchung konnte zumindest begründet werden, warum eine Konsolidierung der chinesischen Automobilindustrie und damit auch eine Verdichtung und Restrukturierung der Geschäftsfelder der in China engagierten internationalen Automobilkonzerne und ihrer Zulieferer stattfinden wird und welche chinesischen Unternehmen Potenziale zu künftigen Mutterkonzernen haben.

Die chinesische Regierung betrachtet die Automobilindustrie als ein Schlüssel für die Modernisierung Chinas auf dem Weg zur Weltmacht. Wie gezeigt wurde, lässt die Regierung ehrgeizigen Plänen zum Aufbau einer eigenständigen nationalen Automobilindustrie auch Taten folgen. Eine Anordnung von Mitte Januar 2006 des „National Development and Reform Committee" an 144 kleinere von über 6220 Kfz-Betrieben (Hersteller von Autos, Lastern, Mopeds und Motorrädern), zu schließen bzw. die Produktion stark zu drosseln, spricht erneut Bände. Das explizit erklärte Ziel dieser Anordnung ist, die Überproduktion einzudämmen und die Effizienz der Branche zu erhöhen.[420]

Eine Konsolidierung ist also bereits im Gange. Wie der Konsolidierungspfad allerdings verlaufen wird, das kann nicht mit absoluter Gewissheit vorhergesagt werden. Um ein Spektrum an zukünftigen Möglichkeiten zu generieren, griff die Autorin auf ein Werkzeug der strategischen Unternehmensplanung zurück: die Szenario-Technik als Instrument der Zukunftsforschung.

Mit dem Ziel auf Basis der generierten Zukunftsbilder Schlussfolgerungen hinsichtlich einer Feinjustierung der China-Strategien der internationalen Autokonzerne treffen zu können, wurde im Rahmen einer Auswahl der Strategietyp „Auf das wahrscheinlichste Szenario setzen" als der kompatibelste erkannt. Das wahrscheinlichste Szenario geht von einem Aufstieg Chinas zu einer großen Autonation mit Dominanz im Kleinwagensegment sowohl auf dem Heimat- als auch auf dem Weltmarkt aus. Vieles spricht dafür, dass eine solche Entwicklung innerhalb eines Zeitfensters bis 2015 möglich ist.

---

[420] Vgl. Beijing Today (2006).

So prognostiziert zum Beispiel der Brancheninsider und Marktexperte Professor Ferdinand Dudenhöffer von der Fachhochschule Gelsenkirchen: „Ab 2010 werden sie (chinesische Automobilhersteller) ernst zu nehmende Wettbewerber sein und mancher europäischen Marke das Leben schwer machen".[421]

China hat Großes vor. Metropolen wie Chongqing, Shanghai oder Changchun wetteifern darum, Wolfsburgs und Detroits des Ostens zu werden.[422] Dabei wird „geklotzt und nicht gekleckert". Visionen sind in China nicht nur erlaubt, sondern auch erwünscht. Neben der im Bau befindlichen „Autocity Shanghai" mit der Wohnstadt Anting (für 50.000 Einwohner konzipiert), hat das Frankfurter Architektenbüro Albert Speer & Partner im Januar 2006 erneut den Zuschlag für ein Megaprojekt erhalten. Die Planer in Changchun im Nordosten Chinas möchten bis frühestens 2015 und spätestens 2020 ebenfalls auf eine Autocity stolz sein, aber auf eine mit 120 Quadratkilometern Fläche doppelt so große wie jene in Shanghai.[423]

China ist im Bereich der Wirtschaft zum Gegenspieler der westlichen Welt geworden, und das Land hat Potenziale, sich zum ernst zu nehmenden Konkurrenten zu wandeln - Entwicklungstendenzen der Automobilbranche verdeutlichen dies exemplarisch. Solange die Stabilität des politischen Systems, das sich durch den gesamtwirtschaftlichen Aufschwung, die Modernisierung und die stete Wohlstandsmehrung legitimiert, gewahrt bleibt, kann das Regime Entwicklungen auch gegen den Widerstand mancher Bevölkerungsgruppen durchsetzen und weiter „klotzen statt kleckern"; es kann weiter planwirtschaftlich steuernd in die Entwicklung der Automobilindustrie eingreifen und es kann weiter die Umsetzung von im Rahmen von WTO-Verhandlungen getroffenen Vereinbarungen hinauszögern oder umgehen.[424]

Dann bleibt im Zuge des Konkurrenzkampfes der internationalen Automobilkonzerne um Anteile am Automarkt der Zukunft China stets der lachende Dritte. Bleiben überdies Störereignisse wie beispielsweise ein ökologischer Kollaps oder eine Energiekrise aus, scheint Chinas Aufstieg zur maßgeblichen Autonation unvermeidlich. Die internationalen Automobilkonzerne tun gut daran, sich darauf einzustellen und entsprechend strategisch auszurichten.

---

421 Vgl. Der Spiegel online (2005).

422 Vgl. Spiegel spezial [Patriotischer Auftrag 2004]; Shanghai Daily [Chongqing 2006]; Die Welt [Speer 2006].

423 Vgl. Die Welt [Speer 2006].

424 Vgl. Wang Jean [WTO Commitments 2005].

Quellen- und Literaturverzeichnis

Absatzwirtschaft (2004): „Chinesische Konsumenten sind kauflustig und experimentierfreudig", 8. April 2004.

ADAC: „Kauf eines Neufahrzeuges in der EU", http://www.adac.de/Recht_und_Rat/fahrzeugkauf_leasing/fahrzeug.html, Stand: 12. Januar 2005.

AFP [Chinas Automarkt 2006]: Chinas Automarkt boomt - Hersteller klagen aber über Preisverfall, Agenturmeldung der Agence France-Press (AFP) vom 10. Januar 2006.

AFP [GM 2005]: GM will SAIC beim Aufbau eigener Automarken helfen, Agenturmeldung der Agence France-Press (AFP) vom 17. Mai 2005.

AFP [Rover-Eigentümer 2005]: Neue Rover-Eigentümer aus China vertrauen britischer Küche nicht, Agenturmeldung der Agence France-Press (AFP) vom 19. August 2005.

Agustoni, H. (1983): Technik oder Flop, in: Industrielle Organisation, 52. Jg., 1983, S. 319-321.

AiF Arbeitsgemeinschaft industrieller Forschungsvereinigungen (2004): Die Automobilindustrie Chinas, Berlin.

Angermeyer-Neumann, R. (1985): Szenarien und Unternehmenspolitik. Globalszenarien für die Evolution des unternehmensspezifischen Rahmens, München.

AP [Mercedes-Fahrzeuge 2004]: Vertrag über Bau von Mercedes-Fahrzeugen in China unterzeichnet, Agenturmeldung der Associated Press (AP) vom 26. November 2004.

Asia Times (2005): China in reverse gear, 24. Februar 2005.

Automobilwoche [Europa 2005]: Chinesische Autohersteller drängen nach Europa, 8. Oktober 2005.

Automobilwoche [Träume 2005]: Träume und Realitäten, 23. Mai 2005, S. 11.

Automotive Resources Asia/The Economist Intelligence Unit (Hrsg.): Building the people's car, in: Business China, 3. März 2003, S. 5-6.

Ayres, R. U. (1971): Prognose und langfristige Planung in der Technik, München.

BBC News [GM 2002]: GM signs off on Daewoo deal, 30. April 2002, http://news.bbc.co.uk/2/hi/business/1959054.stm, Stand: 20. Dezember 2005.

BBC News [Rover 2005]: Rover sold to Nanjing Automobile, 23. Juli 2005, http://news.bbc.co.uk/1/hi/business/4708739.stm, Stand: 20. Dezember 2005.

BBC News [Shanghai 2005]: What next for Shanghai Automotive?, 12. April 2005, http://news.bbc.co.uk/1/hi/business/4413403.stm, Stand: 20. Dezember 2005.

BBC News [Toyota 2005]: Toyota makes hybrid car in China, 5. Dezember 2005, http://newsvote.bbc.co.uk/go/pr/fr-/2/hi/business/4531648.stm, Stand: 20. Dezember 2005.

BCG The Bosten Consulting Group (2002): Rethinking „Made in China" Cars and Parts, Shanghai/Hongkong.

Beijing HL Consulting Co., Ltd. 北京华灵四方投资咨询有限责任公司 (2005): 中国汽车行业深度研究报告 (*Branchenanalyse der chinesischen Automobilindustrie*), Beijing.

Beijing/Hyundai Website, http://www.beijinghyundai.com.cn/looknew/hyundai/intro.asp, Stand: 20. Dezember 2005.

Beijing Jeep Corporation Website, http://www.bjc.com.cn/content/benchi/about.aspx?t=41, Stand: 15. Dezember 2005.

Bejing Today (2006): China puts brakes on small car companies, 27. Januar 2006, http://bjtoday.ynet.com/attachment.db?7526999, Stand: 5. März 2006.

Bfai Bundesagentur für Außenwirtschaft [Kfz-Zulieferer 2005]: Internationale Kfz-Zulieferer expandieren weiter in der VR China, 7. Februar 2005.

Bfai Bundesagentur für Außenwirtschaft [Kraftstoffverbrauch 2005]: Neuregelung beim Kraftstoffverbrauch in der VR China, 22. August 2005.

Bfai Bundesagentur für Außenwirtschaft [Richtlinien 2004]: Neue Richtlinien für die Automobilindustrie in der VR China, 30. Juli 2004.

Bosch Website: „Bosch in Deutschland", http://www.bosch.de/start/content/languagel/html/867.htm, Stand: 14. Dezember 2005.

Bosch Website [2], http://www.bosch.com.cn/content/language1/start/magazin_start_news26.htm, Stand: 31. Oktober 2006.

Bosch Website [3], http://www.bosch-presse.de/TBWebDB/de-DE/PressText.cfm?CFID=1354040&CFTOKEN=&id=2581, Stand: 30. Oktober 2006.

Brauers, J./Weber, M. (1986): Szenarioanalyse als Hilfsmittel der strategischen Planung: Methodenvergleich und Darstellung einer neuen Methode, in: ZfB (Zeitschrift für Betriebswirtschaft, 56. Jg., 1986, S. 631–652.

Buddemeier, P. (2003): Struktur und Entwicklungspotenzial des chinesischen Nutzfahrzeugmarktes, in: China Aktuell, Nr. 1/2003, S. 52–63.

Bundesministerium für Wirtschaft und Technologie (2005): „CARS 21 verabschiedet Strategie zur Verbesserung der Wettbewerbsfähigkeit der europäischen Automobilindustrie", Pressemitteilung vom 12. Dezember 2005, http://www.bmwi.de/Navigation/Presse/pressemitteilungen,did=86004,render=renderPrint.html, Stand: 14. Dezember 2005.

CAAM [Analyse 2007]: 中汽协会: 汽车零部件及相关产品进出口情况简析 (*China Association of Automobile Manufacturers: Analyse des Außenhandels der Automobilzulieferindustrie*), 31. Januar 2007, http://www.auto-stats.org.cn/ReadArticle.asp?NewsID=4526, Stand: 20. Februar 2007.

CAAM [Pkw-Markt 2008]: 中汽协会: 2007 年轿车市场分析 (*China Association of Automobile Manufacturers: Analyse des Pkw-Marktes im Jahr 2007*), 25. Januar 2008, http://www.auto-stats.org.cn/ReadArticle.asp?NewsID=5036, Stand: 1. Februar 2008.

CATARC China Automotive Technology & Research Center (2003): China Auto Industry Yearbook 2003, Tianjin. http://www.autoyearbook.com.cn/2003nj/wz/03ml.htm, Stand: 8. Juni 2005.

CATARC China Automotive Technology & Research Center (2004): China Auto Industry Yearbook 2004, Tianjin. http://www.autoyearbook.com.cn/2005nj/wz/04ml.htm, Stand: 8. Juni 2005.

Chang'an Suzuki Website, http://www.Chang'ansuzuki.com/new_web/company/co_intro.asp, Stand: 19. Juli 2005.

Chen Haisheng 陈海生 (2004): 商务部解读汽车品牌销售政策三大误区 (*Das Handelsministerium klärt drei Missverständnisse bezüglich der „Administration Measures on Branded Distribution of Automobile Products" auf*), in: 中国经营报 (*China Business*), 13. Dezember 2004. http://www.people.com.cn/GB/qiche/1049/3050891.html, Stand: 3. Oktober 2005.

Chen Yingxuan 陈映璇 (2004): 上汽维新自主扩张依赖合资公司时代结束 (*SAICs eigenständige Expansion – Die Ära der Abhängigkeit von Joint Venture-Partnern nähert sich dem Ende*), in: 财经时报 (China Business Post), 20. September 2004, Internet-Plattform China Auto News, http://www.qiche.com.cn/files/200409/20016.shtml, Stand: 11. Juli 2005.

China Daily (2004): Dissecting China's "middle class", 27. Oktober 2004, http://www.chinadaily.com.cn/english/doc/2004/-10/27/content-38.html, Stand: 2. Oktober 2005.

China Daily (2007): China's GDP grows 10,7% in 2006, 25. Januar 2007, http://www.chinadaily.com.cn/china/2007-01/25/content_792311.htm, Stand: 19. Februar 2007.

China Daily (2008): China's GDP grows 11.4% in 2007, 24. Januar 2008, http://www.chinadaily.com.cn/bizchina/2008-01/24/content_6418102.htm, Stand: 1. Februar 2008.

China Economic Daily (2006): 2005 年汽车产量比 2000 净增 363 万辆 (*Die Autoproduktion im Jahr 2005 stieg um 363.000 Einheiten im Vergleich zum Jahr 2000*), 17. Januar 2006, http://chinaeconomy.ce.cn/no14/newsmore/200601/17/t20060117_105389.shtml, Stand: 18. Januar 2006.

China Economic Net (2005): Spitze Autohersteller in China 2004, 31. Januar 2005, http://de.ce.cn/aktuelles/diagramme/diagramme/200501/31/t20050131_44961.shtml, Stand: 12. Juni 2005.

China Economic Net (2006): China wird weltweit zweitgrößter Automarkt, 13. Januar 2006, http://de.ce.cn/aktuelles/nachrichten/nachrichten/200601/13/t20060113_105027.shtml, Stand: 14. Januar 2006.

China Economic Net (2007): Brilliance Auto will auf den amerikanischen Markt, 9. März 2007, http://de.ce.cn/ga/Wirtschaft/200703/09/t20070309_177713.shtml, Stand: 19. März 2007.

China Economic Times (2005): „2005 年四种汽车消费模式谁能走出低谷" (*Vier Vertriebsformen im Jahr 2005: Welche findet heraus aus dem tiefen Tal?*), 2. Februar 2005, http://news1.jrj.com.cn/news/2005-02-02/000001012053.html, Stand: 26. Juli 2005.

China Industry Sector Report (2001): Outlook on China's Automobile Industry, China International Economic Consultants (CIEC), Beijing.

China Money (2005): „外资与中国汽车产业报告" (*Bericht über die ausländischen Investitionen und die chinesische Automobilindustrie*), 13. Juni 2005, http://www.moneychina.cn/d/2005/06/13/1118613810035.html, Stand: 29. August 2005.

Chinese Academy of Science (2005): Blue Book of Finance - China Banking and Financial Market Report. Beijing.

DaimlerChrysler Website, DaimlerChrysler-Aufsichtsrat genehmigt Kleinwagen-Vereinbarung, 27. Februar 2007, http://www.daimlerchrysler.com/dccom/0-5-7145-49-729175-1-0-0-0-0-0-11979-0-0-0-0-0-0-0-0.html, Stand: 11. April 2007.

Darimont, B. (2003): Rechtsgrundlagen der chinesischen Sozialversicherung, in: China aktuell, Nr. 9, September 2003, S. 1102–1116.

DB Research (2005): „Global growth centres 2020 - Formel-G for 34 economies", 23. März 2005, http://www.dbresearch.com/PROD/DBR_INTERNET_EN-PROD/PROD0000000000185704.PDF, Stand: 29. November 2005.

Dekker, W. (1988): Die Zukunft wird uns immer überraschen, aber sie sollte uns nicht überrumpeln, in: Henzler, H. A. (Hrsg.): Handbuch Strategische Führung, Wiesbaden, S. 839–847.

Depner, H./Dewald, U. (2004): Globale Netzwerke und lokale Partner: Deutsche Automobilzulieferer und der Wachstumsmarkt China, Marburg, 2004.

Der Spiegel Online [Accenture 2007]: Jeder vierte Deutsche würde chinesischen Wagen kaufen, 6. September 2007, http://www.spiegel.de/auto/aktuell/0,1518,druck-504256,00.html, Stand: 15. September 2007.

Der Spiegel Online [Drache 2005]: Der Drache erwacht, 20. September 2005, http://www.spiegel.de/auto/aktuell/0,1518,375486,00.html, Stand: 6. September 2005.

Der Spiegel [Schwärmt aus 2004]: Schwärmt aus!, Nr. 49/2004, S. 152–154.

Der Spiegel [Wunder 2005]: Das Wunder ist bald zu Ende, Interview mit dem Vizeminister der staatlichen Umweltbehörde Pan Yue, Nr. 10/2005, 7. März 2005, S. 149–50.

Der Tagesspiegel Online (2006): Chinesische Autos in Europa, 28. November 2006, http://www.tagesspiegel.de/wirtschaft/nachrichten/autohersteller-brilliance-china/82535.asp, Stand: 20. März 2007.

Die Welt [Debakel 2005]: VW steuert in China auf ein absolutes Debakel zu, 18. April 2005, S. 14.

Die Welt [Firmen 2004]: China schaltet rund 6400 Firmen ab, 12. Juli 2004, S. 12.

Die Welt [Land 2004]: Das Land der Mitte wird mobil, 18. November 2004, S. 3.

Die Welt [Sparkurs 2005]: VW fährt Sparkurs in China, 19. November 2005, S. 13.

Die Welt [Speer 2006]: Speer baut zweite Autostadt in China, 27. Januar 2006.

Die Welt [Überkapazitäten 2004]: Chinas Automarkt drohen Überkapazitäten, 10. Juni 2004, S. 14.

Die Welt [Volkswagen 2004]: Volkswagen leidet international, 20. August 2004, S. 15.

Die Welt [Wirtschaftskraft 2005]: Chinas Wirtschaftskraft größer als bekannt, 16. Dezember 2005, S. 11.

Die Zeit (2004): Es werde Zwielicht, 2. September 2004.

DMC Website, http://www.DMCc.com.cn/info/introduce.aspx, Stand: 22. Dezember 2005.

Dongfeng KIA Website, http://www.dyk.com.cn/intro/events 2002.htm, Stand: 22. Dezember 2005.

Dongfeng Nissan Website, http://www.dfl.com.cn/pv/Info/introduce.aspx, Stand: 22. Dezember 2005.

Dongfeng PSA Website, http://www.dpca.com.cn/publish/jump.jsp?subjectName=%C1%EC%B5%BC%B9%D8%BB%B3, Stand: 22. Dezember 2005.

Dpa [Honda 2005]: Honda exportiert erstmals Autos aus China nach Deutschland, Agenturmeldung der Deutschen Presse Agentur (dpa) vom 26. Mai 2005.

Dpa [Volkswagen 2006]: Volkswagen trotz Rückgang noch Marktführer in China, Agenturmeldung der Deutschen Presse Agentur (dpa) vom 10. Januar 2006.

Dpa [Shuanghuan 2007]: Chinesen tasten sich in den Automarkt: Langer Atem nötig, Agenturmeldung der Deutschen Presse Agentur (dpa) vom 13. September 2007.

Dpa [Zhonghua 2005]: Erstes Auto aus China für Europa: Zhonghua ab Herbst in Deutschland, Agenturmeldung der Deutschen Presse Agentur (dpa) vom 1. April 2005.

Dunne, M. (2005): 从暴利到赤贫? 中国汽车市场展望, 2005–2010 (*Vom Wuchergewinn zur bitteren Armut? Ausblick auf den chinesischen Automarkt, 2005–2010*), in: Automotive Resources Asia, 20. April 2005.

Epd (2004): Verlorenes Gleichgewicht, Agenturmeldung des Evangelischen Pressedienstes (epd), 16. März 2004.

Epoch Times (2004): „中国的中产阶级神话" (*Mythos von der chinesischen Mittelschicht*), 3. Februar 2004, http://www.epochtimes.com/gb/4/2/3/n459531.htm, Stand: 17. Juli. 2005.

Erling, J. (k. A.): Vom Fahrrad zum Ferrari, in: McKinsey Wissen, Nr. 10, S. 52–53, http://www.mckinsey.de/_downloads/Presse/periodicals_mck_wissen_10_kaufrausch.pdf, Stand: 20. November 2005.

Ernst & Young (2005): China's automotive sector – at the crossroads, presented at the Second China Automotive Industry Roundtable in Shanghai.

FAW Volkswagen Website, http://www.faw-volkswagen.com/fawvwhome.htm, Stand: 22. Dezember 2005.

FAW Website [1], http://www.faw.com.cn/jtjj/index.jsp, Stand: 22. Dezember 2005.

FAW Website [2], http://www.faw.com.cn/jtzw/jtzw_index.jsp, Stand: 22. Dezember 2005.

FAZ Frankfurter Allgemeine Sonntagszeitung [Chinesen 2005]: Jetzt kommen die Chinesen, 4. September 2005, S. 35.

FAZ Frankfurter Allgemeine Zeitung [EU 2005]: EU kritisiert Chinas Autopolitik, 13. Dezember 2005, S. 12.

FAZ Frankfurter Allgemeine Zeitung [Geschmack 2005]: Dem besonderen Geschmack auf der Spur, 22. April 2005, S. 21.

FAZ Frankfurter Allgemeine Zeitung [In Asien 2005]: In Asien arbeitet General Motors noch mit Gewinn, 20. April 2004, S. 16.

FAZ Frankfurter Allgemeine Zeitung [Langer Marsch 2007]: Der lange Marsch, 13. September, Nr. 213, S. A8.

FAZ Frankfurter Allgemeine Zeitung [Spannungen 2005]: Chinesische Spannungen, 12. August 2005, S. 10.

FAZ Frankfurter Allgemeine Zeitung [Wachstum 2004]: China strebt langsameres Wachstum an, 6. März 2004, S. 14.

Feng Fei 冯飞 (k. A.): „中国汽车工业的发展与竞争力分析" (*Analyse der Entwicklung der chinesischen Automobilindustrie und ihrer Wettbewerbsfähigkeit*), http://www.tongji.edu.cn/~yangdy/car/paper2.htm, Stand: 5. Oktober 2005.

Forbes (2003): „The Rising Chinese Car Market", 15. Dezember 2003, http://www.forbes.com/2003/12/15/cx_dl_1215feat.html, Stand: 26. August 2005.

Ford (China) Website, http://www.ford.com.cn/aboutford/inchina.asp, Stand: 22. Dezember 2005.

Fourin China Auto Weekly, 3. Oktober 2005, 2. November 2005, 5. Dezember 2005, 12. December 2005, Kurzmeldungen jeweils unter http://www.fourin.com/chinaautoweekly/, Stand: 22. Dezember 2005.

Franke, R. (1988): Planungstechniken - Instrumente für zukunftsorientierte Unternehmensführung, Frankfurt am Main.

Frankfurter Rundschau (2005): Leben im Schatten des Wirtschaftsbooms, 7. März 2005.

FTD Financial Times Deutschland [Autobauer 2005]: Chinesischer Autobauer will in Europa produzieren, 22. April 2005.

FTD Financial Times Deutschland [Automarkt 2005]: Chinesen drängen auf Europas Automarkt, 16. März 2005.

FTD Financial Times Deutschland [China 2005]: China goes Global: Vom Partner zum Konkurrenten, 27. Mai 2005.

FTD Financial Times Deutschland [Risikofaktor 2004]: China wird Risikofaktor Nummer Eins, 4. Mai 2004, S. 19.

Fu Hui 付辉 (2004): „中国汽车业: 大产业集群的空想主义者?“ (*Die chinesische Automobilindustrie: Phantasten eines großen Industrialisierungsplanes?*), Internet-Plattform China Auto News, 31. Dezember 2004, http://www.qiche.com.cn/files/200412/31024.shtml, Stand: 5. September 2005.

Gallagher, K. S. (2003): Foreign Technology in China's Automobile Industry: Implications for Energy, Economic Development, and Environment, in: China Environment Series, Issue 6, S. 1–18.

Gan Chunhui 干春晖 (2001): 国际汽车整车与零部件厂商协作关系 (*Die kooperativen Beziehungen zwischen internationalen Automobilherstellern und ihren Zulieferern*), Working Paper, Shanghai University of Finance and Economics.

Gan Lin (2001): Globalization of the automobile industry in China, CICERO (Center for International Climate and Environmental Research), Working Paper, Oslo.

Gausemeier, J./Fink, A./Schlake, O. (1996): Szenario-Management: Planen und Führen mit Szenarien, München.

Geely Website, http://www.geely.com/auto/ziy/zy_index.htm, Stand: 19. Dezember 2005.

Geschka, H./Hammer, R. (1986): Die Szenario-Technik in der strategischen Unternehmensplanung, in: Hahn, D./Taylor, B. (Hrsg.): Strategische Unternehmensplanung, Heidelberg, Wien, S. 238–263.

Geschka, H./von Reibnitz, U. (1986): Die Szenario-Technik - ein Instrument der Zukunftsanalyse und der strategischen Planung, in: Töpfer, A./Ahfeldt, H. (Hrsg.): Praxis der strategischen Unternehmensplanung, Stuttgart/Landsberg am Lech, S. 125–170.

Geschka, H./Winckler, B. (1989): Szenarien als Grundlagen strategischer Unternehmensplanung, in: technologie & management, 4/1989, S. 16-23.

Goldman Sachs Global Equity Research (2003): Global Automobiles - The Chinese Auto Industry, Hongkong, London u.a.

Götze, U. (1991): Szenario-Technik in der strategischen Unternehmensplanung, Wiesbaden.

Hahn, D. (1997): Stand und Entwicklungstendenzen der strategischen Planung, in: Hahn, D./Taylor, B. (Hrsg.): Strategische Unternehmensplanung - strategische Unternehmensführung: Stand und Entwicklungstendenzen, Heidelberg, S. 1-27.

Handelsblatt [Chery 2006]: Chery baut Autos für DaimlerChrysler, 26. Dezember 2006.

Handelsblatt [Daimler 2005]: Daimler forciert das Geschäft in China, 3. November 2005, S. 21.

Handelsblatt [Delphi 2005]: Delphi tief in der Verlustzone, 8. August 2005.

Handelsblatt [Federstrich 2005]: China rechnet sich mit einem statistischen Federstrich reich, 15. Dezember 2005, S. 6.

Handelsblatt [Investoren 2004]: China lockt Investoren in Scharen an, 11. August 2004, S. 6.

Handelblatt [Kupfer 2004]: China heizt die Preise für Kupfer weiter an, 15. Juli 2004, S. 25.

Handelsblatt [Peking 2004]: Peking sichert sich Zugriff auf Rohstoffe, 6. Mai 2004, S. 8.

Handelsblatt [Rohölpreise 2004]: Rohölpreise hängen an Chinas Wirtschaftszyklus, 26. Mai 2004, S. 29.

Handelsblatt [SARS 2003]: Chinas Autohersteller profitieren von SARS, 6. Juni 2003.

Handelsblatt [US-Markt 2005]: Chinesische Autos rollen auf den US-Markt, 4. Januar 2005.

Handelsblatt [VW China 2005]: VW China wird chinesischer, 21. November 2005, S. 14.

Handelsblatt [Wolken 2005]: Wolken über dem Automarkt China - deutsche Hersteller verfehlen Ziele, 14. April 2005.

Hanssmann, F. (1995): Quantitative Betriebswirtschaftslehre, Lehrbuch der modellgestützten Unternehmensplanung, München/Wien.

Harwit, E. (1995): China's automobile industry: Policies, problems, and prospects. New York, London.

Herzhoff, M. (2004): Szenario-Technik in der chemischen Industrie, Berlin.

Höhn, S. (1983): Szenario-Analyse für das strategische Management, in: Buchinger, G. (Hrsg.): Umfeldanalysen für das strategische Management. Konzeptionen - Praxis - Entwicklungstendenzen, Wien, S. 27–38.

Holbig, H. (2005): Korruptionsbekämpfung - ein neuer Anlauf, in: China aktuell, 2/2005, S. 65–66.

Hu Shuhua 胡树华/Yang Wei 杨威 (2004): „中国汽车零部件企业的现状与对策" (The Situation And Policy Of Chinese Automobile Parts Industry), 1. Juni 2004, Nachrichtennetzwerk Chinaview.cn (Xinhua), http://www.hb.xinhua.org/zhunti/200406/01/content_2226835.htm, Stand: 14. Juli 2005.

Irwin, J. (N. A.): China's migrant children fall through the cracks, in: The UNESCO Courier, 9/2000.

International Monetary Fond (2006): 2005 IMF GDP per capita rankings, published 2006.

Jia Changtao 贾常涛 (2003): „中国汽车投资增长过快: 价格战将全面爆发" (*Investitionsüberhitzung in der chinesischen Automobilindustrie - Preisschlachten stehen vor dem Ausbruch*), Pacific Cars Network, http:www.pcauto.com.cn/news/yjpl/medium/10309/21366.html, Stand: 4. September 2003.

Jia Ke 贾可 [BMW 2004]: „华晨宝马诞生记" (*Die Geburtsstory von Brilliance/BMW*), in: Global Entrepreneur, Januar 2004, Nr. 94, http://www.gemag.com.cn/Content/Article.asp?Aid=568, Stand: 19. Juni. 2005.

Jia Ke 贾可 [Detroit 2004]: „广州: 中国的底特律? " (*Guangzhou: Chinas Detroit?*), in: Global Entrepreneur, Juni 2004, Nr. 99, http://www.gemag.com.cn/Content/Article.asp?Aid=791, Stand: 19. Juni. 2005.

Jia Ke 贾可 [Murtaugh 2005]: „墨菲的选择" (*Murtaughs Entscheidung*), in: Global Entrepreneur, Mai 2005, Nr. 110, http://www.gemag.com.cn/Content/Article.asp?Aid=1273, Stand: 19. Juni 2005.

Jia Ke 贾可 [SAIC 2004]: „上汽的梦想与焦虑" (*SAICs Träume und Sorgen*), in: Global Entrepreneur, Dezember 2004, Nr. 105, http://www.gemag.com.cn/Content/Article.asp?Aid=1099, Stand: 19. Juni. 2005.

Jia Ke 贾可 [VW 2004]: „大众汽车开往何处" (*Wohin geht die Fahrt von VW?*), in: Global Entrepreneur, Mai 2004, Nr. 98, http://www.gemag.com.cn/Content/Article.asp?Aid=740, Stand: 19. Juni 2005.

Jiang Wenran (2004): Prosperity based on Poverty and Disparity, in: China Review Magazine, Issue 28.

Kahn, H. (1972): Things to come - Angriff auf die Zukunft, München.

Kahn, H./Redepening, A. (1972): Die Zukunft Deutschlands, Niedergang oder neuer Aufstieg der Bundesrepublik, München.

Kahn, H./Wiener, A. J. (1968): The year 2000. A Framework for Speculation on the Next Thirty-three Years, New York/Toronto.

Kaluza, B./Klenter, G. (1993): Zeit als strategischer Erfolgsfaktor von Industrieunternehmen, Teil II: Erfolgskritische Komponenten des strategischen Erfolgsfaktors Zeit, Diskussionsbeitrag Nr. 176 des Fachbereichs Wirtschaftswissenschaft der Universität GH-Duisburg.

Kaluza, B./Ostendorf, R. J. (1995): Szenario-Technik als Instrument der strategischen Unternehmensplanung - Theoretische Betrachtung und empirische Überprüfung in der Autoindustrie, Duisburg.

Kaluza, B./Ostendorf, R. J. (1997): Szenario-Analyse zur wirtschaftlichen Entwicklung Ostasiens, Duisburg.

Kaluza, B/Wegmann, K. (1998): Gedanken zur chinesischen Zukunft, Münster.

Kiefer, T. (1996): Entwicklungstendenzen in der Automobilindustrie Südostasiens und der VR China, Düsseldorf.

Kolb, R. (2003): About Figures and Aggregates, in: Sieferle, R. P./Breuninger, H. (Hrsg.): Agriculture, population and economic development in China and Europe, Stuttgart: S. 200–275.

KPMG [Components 2004]: China's automotive and components market 2004, Hongkong.

KPMG [Policy 2004]: China's new automotive Policy, Hongkong.

Kreikebaum, H. (1989): Strategische Unternehmensplanung, Stuttgart.

Lee C. (2001): Chinas Automobilindustrie in der Globalisierung, Berichte des Arbeitsbereichs Chinaforschung, Bremen.

Lee, C. (2003): The Impact of Globalisation on the Chinese Automobile Industry, In: Hozumi T./Wohlmuth K. (Hrsg.): After the Asian crisis: Schumpeter and reconstruction, London, S. 283–301.

Li Ling 李凌 (2004): „汽车产业链 逼近本相做大两端" (*Große Chancen in der vor- und nachgelagerten Wertschöpfungskette der Automobilindustrie*), Internet-Plattform Panorama,http://www.p5w.net/p5w/fortune/200411/14.htm, Stand: 15. November 2004.

Linde Technology (Berichte aus Technik und Wissenschaft), Nr. 1/2005, Juli 2005.

Lin Haisheng 陈海生/Kou Jiangdong 寇建东 (2005): „商务部产业损害调查预警本土关键零部件同化殆尽" (*Schadensanalyse des Handelsministeriums warnt vor Vernichtung der einheimischen Automobilzulieferindustrie*), 21. Oktober 2005, China Business, http://www.cb.com.cn/1626/00024269.htm, Stand: 17. November 2005.

Link, J. (1985): Strategische Planung – Die acht folgenschwersten Missverständnisse vermeiden, in: Marketing Journal, 18 Jg., Heft 3/1985, S. 248–252.

Lombriser, R./Abplanalp, P. A. (1997): Strategisches Management: Visionen entwickeln, Strategien umsetzen, Erfolgspotentiale aufbauen, Zürich.

Lu Feng 路风 (2004): „发展我国自主知识产权汽车工业的政策选择" (*Ausrichtung der Politik zur Entwicklung einer nationalen Automobilindustrie mit eigenständigem Know-how*), Beijing, Auszüge auf der Internet-Plattform Sina, 6. April 2004, http://auto.sina.com.cn/news/2004-04-06/61275.shtml, Stand: 1. August 2005.

Luo Fuwan 罗福万 (2005): „吞食世界 -- 中国需求的可持续性" (*Die Welt wird verschluckt – Die Nachhaltigkeit der Nachfrage nach Ressourcen aus China*), in: Global Entrepreneur, Nr. 109, April 2005, http://www.gemag.com.cn/Content/Article.asp?Aid=1226, Stand: 26. Juni 2005.

Mercer Management Consulting (2004): Chinese Automotive Market 2010, München/Beijing.

Meadows, D./Donella, H. (1972): The Limits of Growth. A Report for the Club of Rome's Project on the Predicamant of Mankind, München.

Meyer-Schönherr, M. (1991): Szenario-Technik als Instrument der strategischen Planung, Frankfurt/M..

Michael L. (2003): Die Entwicklung der Automobilindustrie Chinas im Hinblick auf die Wettbewerbsfähigkeit chinesischer Hersteller, Seminararbeit am Ostasieninstitut der Fachhochschule Ludwigshafen.

MOFCOM (2005), Ministry of Commerce of the People's Republic of China: 汽车品牌销售管理实施办法 (*Administration Measures on Branded Distribution of Automobile Products*), 25. Februar 2005, http://www.mofcom.gov.cn/aarticle/b/d/200503/2005 0300022322.html, Stand: 9. Juli 2005.

MOFCOM (2006), Ministry of Commerce of the People's Republic of China: 扩产计划落空, 大众汽车在中国投资趋向紧缩 (*Die Pläne zum Kapazitätsausbau sind nicht in Erfüllung gegangen, Volkswagen fährt seine China-Investitionen zurück*), 7. Juni 2006, http://www.mofcom.gov.cn/aarticle/ztzzn/200606/2006060 2379777.html, Stand: 15. Februar 2007.

NAIC/Fiat Website, http://www.fiat.com.cn/company/index.htm, Stand: 1. August 2005.

Nanfang Daily 南方日报 [BMW 2005]: „宝马降价内情“ (*Hintergründe zur Preissenkung von BMW*), 19. Januar 2005, http://www.nan fangdaily.com.cn/southnews/sjjj/sjgs/200501190895.asp, Stand: 1. Dezember 2005.

Nanfang Daily 南方日报 [GAIC 2005]: „广汽发展：不唯大只唯强“ (*GAICs Entwicklungsziel: Nicht groß, sondern stark werden*), 1. Juli 2005. http://www.nanfangdaily.com.cn/southnews/qc/ hydt/200507010863.asp, Stand: 11. Oktober 2005.

Nanfang daily 南方日报 [SAIC 2004]: „上汽获大宇一成股份“ (*SAIC erlangt 10% Anteile an Daewoo*), 18. Oktober 2004, http://www.nanfangdaily.com.cn/southnews/qc/qyxw/200 410180521.asp, Stand: 2. November 2005.

Nanfang Daily 南方日报 [Yulon 2003]: „阳光照不到裕隆“ (*Yulon bleibt unerreicht von Sonnenschein*), 19. Juni 2003, http://www.nanfangdaily.com.cn/zm/20030619/jj/chanj/20 0306191157.asp, Stand: 11. Oktober 2005.

Nano Spezial Sondersendung (2005): „China Entdecken“, 3sat Thementag, 1. November 2005, 18–19 Uhr.

National Bureau of Statistics of China (2005): China Statistic Yearbook, Beijing.

National Development and Reform Commission (1994): 汽车产业发展政策 (*Richtlinien zur Entwicklung der nationalen Automobilindustrie*), Internet-Plattform China Autonews, http://www.cnautonews.com/anews/cyzc/1994cyzc.htm, Stand: 22. Juni 2005.

National Development and Reform Commission (2004): 汽车产业发展政策 (*Richtlinien zur Entwicklung der nationalen Automobilindustrie*), Nachrichtenagentur Xinhua, 2. Juni 2004, http://news.xinhuanet.com/fortune/2004-06/02/content_1503129.htm, Stand: 3. September 2005.

National Development and Reform Commission (2006): 国家发展和改革委员会关于汽车工业结构调整意见的通知 [2006] No. 2882 (*Bekanntmachung der Nationalen Entwicklungs- und Reform-Komission bezüglich einer Umstrukturierung der Automobilindustrie*).

Nee, O. D. (2002): Automotive Industry in China, China Auto Conference, Shanghai, 16. September 2002.

Neue Zürcher Zeitung (2001): Die Mühen der chinesischen Bauern, 8. März 2001, S. 5.

Oberkampf, V. (1976): Szenario-Technik: Darstellung der Methodik, Battelle-Institut e.V., Frankfurt/M.

Ogilvy, J. A. (2000): China's futures: scenarios for the world's fastest growing economy, ecology, and society, San Francisco.

O. V. [Absatzzahl 2008]: „2007 年中国汽车产销量创新高" (*Die Produktion und der Absatz von Fahrzeugen haben 2007 einen neuen Höhepunkt erreicht*), 17. Januar 2008, Internet-Plattform Sohu, http://auto.sohu.com/20080117/n254709598.shtml, Stand: 21. Januar 2008.

O. V. [Acht Millionen 2008]: „我国汽车销量首破八百万辆" (*Der Fahrzeugabsatz in China überschreitet die Acht-Millionen-Grenze*), http://news.xinhuanet.com/newscenter/2008-01/13/content_7414175.htm, Stand: 13. Januar 2008.

O. V. [Analyse 1997]: „汽车零部件产业的技术经济分析研究" (*Analyse des Technologiestands und der Wirtschaftlichkeit der Automobilzulieferindustrie*), Hangzhou Science & Technology Bureau, http//:www.hznet.com.cn/kjdt/yjjg/1997/FWYC.htm, Stand: 9. Juli 2005.

O. V. [Analyse 2005]: „中国汽车零部件行业现状若干问题思考“ (*Analyse einiger Probleme der chinesischen Automobilzulieferindustrie*), 19. Mai 2005, Internet-Plattform Carfan, http://www.anews.cn/program/nrj/2005-05/19/14037.htm, Stand: 8. August 2005.

O. V. [Analyse 2008]: „2007 年我国汽车销售数据详解“ (*Analyse der Kfz-Absatzzahlen in China im Jahr 2007*), 21. Januar 2008, Internet-Plattform Sina, http://auto.sina.com.cn/news/2008-01-21/0225343001.shtml, Stand: 5. Februar 2008.

O. V. [Anzahl 2007]: „我国民用汽车保有量增至 4985 万“ (*Anzahl der Fahrzeuge im Privatbesitz stieg auf 49,85 Millionen*), Internet-Plattform Eastday, 21. März 2007, http://finance.eastday.com/m/20070321/u1a2697776.html, Stand: 11. April 2007.

O. V. [Aufbau 2005]: „一汽自主品牌之痛" (*Wie der Aufbau von eigenen Marken FAW Kopfzerbrechen bereitet*), Internet-Plattform NetEase, http://biz.163.com/special/z/00021FVE/zt1q.html, Stand: 28.Juli 2005.

O.V. [Aufwertung 2005]: „人民币升值扼杀自主品牌“ (*Eine Aufwertung des Renminbi würde den eigenständigen Automarken schaden*), 29. Juni 2005, Internet-Plattform Fedcars, http://www.fedcars.com/files/200506/29039.html, Stand: 27. Juli 2005.

O. V. [Ausbildungsprogramm 2005]: „一汽集团人才登高培训计划“ (*Das Ausbildungsprogramm von FAW zur Generierung qualifizierten Personals*), 8. Juli 2005, DragonGates Human Resources Network http://www.dragongates.com/hr/news.php?I_ID=4225, Stand: 12. Dezember 2005.

O. V. [Außenhandel 2008]: „2007 年中国汽车行业进出口情况分析“ (*Analyse der Situation des Außenhandels der Automobilindustrie in China im Jahr 2007*), 30. Januar 2008, http://info.auto.hc360.com/2008/01/301554284076-2.shtml, Stand: 6. Februar 2008.

O. V. [Autoabsatz 2005]: „2004 年上汽集团股份销售整车 84.3 万辆“ (*Der Autoabsatz von SAIC im ersten Halbjahr von 2004 betrug 843.000 Einheiten*), 13. Januar 2005, Internet-Plattform Yahoo, http://cn.biz.yahoo.com/050113/2/5zzc.html, Stand: 24. Juni 2005.

O. V. [Autobauer 2007]: „自主品牌民族企业成为我国小轿车出口主力“ (*Einheimische Autobauer mit eigenen Marken bilden die Hauptantriebskraft des chinesischen Autoexports*), http://news.xinhuanet.com/auto/2007-01/30/content_5671769.htm, Stand: 9. Februar 2007.

O. V. [Autoexport 2005]: „中国汽车出口：经不起推敲的表面繁荣" (*Autoexport aus China: Ein Trugbild des oberflächlichen Blühens*), 21. Juli 2005, Internet-Plattform Auto Northeast, http://auto.northeast.cn/system/2005/07/21/050087285.sht ml, Stand: 18. Oktober 2005.

O. V. [Automarkt 2007]: „2007 年轿车市场继续看涨：两厢车成最大亮点" (*Für den Automarkt Chinas wird auch 2007 auf eine Hausse spekuliert: Kleinwagensegment gilt als besonders attraktiv*), Internet-Plattform Xinhua, 24. Januar 2007, http://www.xinhuanet.com/chinanews/2007-01/24/content_9127357.htm, Stand: 06. Februar 2007.

O. V. [Automobildistribution 2003]: „一汽丰田公司首尝汽车合资分销禁果" (*FAW und Toyota bilden Gemeinschaftsunternehmen zur Automobildistribution*), 10. August 2003, Nachrichtennetzwerk Southcn.com, Guangdong, http://www.southcn.com/car/caizht/fromgz/200308100110.htm, Stand: 2. September 2005.

O. V. [Automobilunternehmen 2004]: „中国汽车企业谁最赚钱?" (*Welches ist das profitstärkste Automobilunternehmen in China?*), 1. Juli 2004, Internet-Plattform China Auto News, http://qiche.com.cn/files/200407/01069.html, Stand: 22. Juni 2005.

O. V. [Automobilunternehmen 2008]: „2008 年汽车上市公司收获颇丰继续飘红" (*Börsennotierte Automobilunternehmen in China konnten im Jahr 2008 positive Ergebnisse erzielen*), 28. Januar 2008, http://cfi.net.cn/newspage.aspx?id=20080128001074&AspxAutoDetectCookieSupport=1, Stand: 5.Februar 2008.

O. V. [Automobilzulieferer 2005]: „国内汽车零部件企业打响本土保卫战" (*Einheimische Automobilzulieferer schreiben sich den Kampf zur Verteidigung der Eigenständigkeit auf die Fahnen*), 27. Juli 2005, Internet-Plattform Sinocars, http://www.sinocars.com/sinocarnews/docnews/655124/2005/07/n125008.shtml, Stand: 27. September 2005.

O. V. [Automobilzulieferindustrie 2004]: „国内外汽车零部件行业比较" (*Vergleich der einheimischen und ausländischen Automobilzulieferindustrie*), 17. Februar 2004, http://info.auto.hc360.com/HTML/001/121482.htm, Stand: 2. Mai 2005.

O. V. [BAIC 2004]: „标本北汽: 解开汽车工业发展道路的谜局“ (*BAIC unter die Lupe genommen: Die Entschlüsselung des Rätsels der Entwicklung der Automobilindustrie*), 22. Mai 2004, Beijing Municipal Bureau of Industrial Development, http://www.bjid.gov.cn/xzsp/contentsl.asp?infoid=2004052210453224010001; Stand: 19. Juni 2005.

O. V. [Bekanntmachung 2007]: „资料: 2006 年汽车销量前十名企业排名" (*Zahlen und Fakten: Rangliste der zehn größten Autobauer 2006*), Internet-Plattform Sohu, http://auto.sohu.com/20070129/n247897222.shtml, Stand: 21. Februar 2007.

O. V. [Besonderheiten 2006]: „盘点 2006 年乘用车合资企业六大特征“ (*Sechs Besonderheiten der Joint-Venture-Hersteller der Pkw-Industrie*), Plattform Qiche888, 22. Dezember 2006, http://qiche888.com/html/zhuanti/2006-12/22/22101104174.html, Stand: 12. Februar 2007.

O. V. [Beurteilung 2006]: „2005 年度经济评述: 市场引领. 轿车结构走向成熟“ (*Beurteilung der Wirtschaftslage 2005: Die Entwicklung folgt den Markttrends. Struktur der Pkw-Industrie erreicht höheres Reifestadium*), 16. Februar 2006, http://www.statsgov.cn/tjfx/ztfx/2005sbnjjsp/t20060216_402305832.htm, Stand: 24. Oktober 2006.

O. V. [BMW 2005]: „BMW: massive Preissenkung“, 13. Januar 2005, Emphasize Emerging Markets, http://emifs.com/Index.1+M5c8a9795221.0.html, Stand: 28. November 2005.

O. V. [Chang'an 2005]: „尹家绪领军长安汽车借合资翻身“ (*Yi Jiaxu führt bei Chang'an Automotive durch die Bildung von Joint Ventures eine entscheidende Wende herbei*), 26. April 2005, Internet-Plattform China Auto News, www.qiche.com.cn/news/2005-04-26/1102113158.shtml, Stand: 19. August 2005.

O. V. [Chery 2005]: „奇瑞首获巨额出口信贷: 政策导向倾斜自主品牌“ (*Chery bekommt als erster enorme Exportkredite – Politische Richtungsänderung zu Gunsten eigenständiger Automarken*), 13. März 2005, Internet-Plattform Sina, http://auto.sina.com.cn/news/2005-03-13/0930103971.shtml, Stand: 28. Juli 2005.

O. V. [Chronologie 2004]: „中国汽车自主品牌发展大事纪“ (*Chronologie der eigenständigen Entwicklung der chinesischen Automobilindustrie*), 10. März 2004, Internet-Plattform Sina, http://auto.sina.com.cn/news/2004-03-10/58798.shtml, Stand: 5. August 2005.

O. V. [Code 2005]: „广州本田密码“ (*Der GAIC/Honda-Code*), 23. März 2005, Internet-Plattform 88com, http://www.88com.net/ml/list.asp?news_id=4659, Stand: 17. Juli 2005.

O. V. [Darstellung 2006]: „2005 年 12 月份汽车工业产销综述“ (*Zusammenfassende Darstellung der Produktion und des Absatzes der Fahrzeugindustrie im Dezember 2005*), 16. Januar 2006, http://www.beiyacheshi.com/news/20061/2734.asp, Stand: 15. Februar 2007.

O. V. [Delphi 2006]: „德尔福公司: 鲁冠球的牛奶和面包“ (*Delphi: Die Hassliebe des Lu Guanqiu*), http://auto.sohu.com/20060823/n244954421.shtml, Stand: 31. Oktober 2006.

O. V. [Durchbruch 2005]: „中国汽车零部件业尴尬图破: 合作中求强” (*Die chinesische Automobilzulieferindustrie geniert sich vor dem Durchbruch: Im Rahmen von Kooperationen strebt sie danach, an Stärke zu gewinnen*), 28. Juli 2005, Internet-Plattform Qipei, http://www.qipei.com/news/detail/info/nation/2005/07/28/2005728101002.htm, Stand: 9. September 2005.

O. V. [Einkauf 2008]: „收购南汽, 上汽的最大获利是研发“ (*SAIC hat sich bei NAIC eingekauft: Der größte Nutzen entsteht auf dem Gebiet der F&E*), 24. Januar 2008, Internet-Plattform Qiche168, http://www.che168.com/article/html/200801/20080124/20080124_189904_1.html, Stand: 7. Februar 2008.

O. V. [Einkommenskluft 2006]: „收入分配格局短期内难以改变“ (*Die Einkommenskluft wird in den nächsten Jahren kaum zu überwinden sein*), http://www.news365.com.cn/wxpd/wz/myms/ 200608/t20060801_1042254.htm, Stand: 26. Oktober 2006.

O. V. [Endzeit 2005]: „汽车后合资时代: 巨舰欲整合叩问合资浮华“ (*Die Endzeit der Joint Venture-Periode – Konsolidierung in großem Stil*), 8. Juli 2005, Internet-Plattform Tom.com, http://auto.tom.com/1440/1441/200578-76259.html, Stand: 19. Oktober 2005.

O. V. [Entwicklung 2006]: „自主创新: 本土零部件企业的求生路径“ (*Eigenständige Entwicklung: Der Ausweg, um das Überleben der einheimischen Zulieferindustrie zu sichern*), http://www.grrb.com.cn/news/news_detail.asp?news_id=250251&type_id=122, Stand: 31. Oktober 2006.

O. V. [Entwicklungstrends 2006]: „汽车进出口出现新动向“ (*Neue Entwicklungstrends des Außenhandels der Fahrzeugindustrie*), 22. Februar 2006, http://www.news365.com.cn/wxpd/qc/hq/200602/t20060222_836215.thm, Stand: 20. Februar 2007.

O. V. [Fahrzeugabsatz 2007]: „美国汽车总销量 1656 万辆比上年下跌 2.6%“ (*Fahrzeugabsatz von 16,56 Millionen Stück in den USA: 2,6% weniger als im Vorjahr*), Internet-Plattform Sina, 15. Januar 2007, http://www.auto.sohu.com/20070115/n247611750.shtml, Stand: 13. Februar 2007.

O. V. [Fahrzeugindustrie 2007]: „汽车微利时代尚未到来“ (*Fahrzeugindustrie weit entfernt von vernünftigen Gewinnspannen*), 19. Januar 2007, http://auto.sg.com.cn/auto/rdxw/64096.shtml, Stand: 6. Februar 2007.

O. V. [FAW 2005]: „一汽位列财富 500 强 448 位" (*FAW steigt auf Platz 448 der Fortune 500*), 15. Juli 2005, Internet-Plattform Sohu, http://auto.sohu.com/10050715/n240164451.shtml, Stand: 27. November 2005.

O. V. [Fragen 2007]: „2007 价格 9 问“ (*Neun Fragen zu den Fahrzeugpreisen 2007*), 4. Januar 2007, http://www.cnr.cn/2007news/myjj/200701/t20070104_504367705.htm, Stand: 12. Februar 2007.

O. V. [Fünfjahresplan 2005]: „下一个五年: 汽车产业能否跨越三大障碍“ (*Der kommende Fünfjahresplan: Kann die Automobilindustrie die drei großen Hindernisse überwinden?*), Internet-Plattform Pcauto, 25. November 2005, http://www.pcauto.com.cn/news/jtfg/0511/352529.html, Stand: 19. Februar 2007.

O. V. [GAIC/Honda 2004]: „广州本田和上海通用: 后来居上者的中国策略“ (*Die Chinastrategien von GAIC/Honda und SAIC/GM – Die Nachzügler übertreffen den Vorreiter)*, 25. November 2004, Internet-Plattform Yahoo, http://cn.autos.yahoo.com/041125/346/26f37.html, Stand: 13. Juni 2005.

O. V. [GDP 2006]: „GDP growth 1952-2006" Internet-Plattform Chinability, http://www.chinability.com/GDP.htm, Stand: 23. Oktober 2006.

O. V. [Geely 2003]: „浙江政府扶持吉利汽车: 李书福有了坚强后盾“ (*Geely bekommt Unterstützung von der Provinzregierung Zhejiang: Li Shufu erringt starken Rückhalt*), 8. Januar 2003, http://past.people.com.cn/GB/jinji/32/178/20030108/904079.html, Stand: 21. November 2005.

O. V. [Geely 2006]: „吉利汽车上半年出口 3460 辆: 排名全国第二" (*Geely exportierte 3460 Fahrzeuge im ersten Halbjahr und rangierte damit auf Platz zwei der nationalen Rangliste*), Internet-Plattform Sohu, 11. September 2006, http://auto.sohu.com/20060911/n245268094.shtml, Stand: 11. April 2007.

O. V. [Gegenoffensive 2004]: „绝地大反攻: 通用汽车的中国攻略" (*Die Gegenoffensive: General Motors' China-Strategien*), 4. September 2004, Internet-Plattform Globrand, http://www.globrand.com/2004/09/04/20040904-04654-1.shtml, Stand: 3. Juni 2005.

O. V. [Geheimnisse 2004]: „广州本田财务秘密" (*Die finanziellen Geheimnisse von GAIC/Honda*), 15. Juni 2004, Internet-Plattform Motor.icxo, http://motor.icxo.com/htmlnews/2004/06/15/246465.htm, Stand: 17. Juni 2005.

O. V. [GM 2002]: „通用汽车 CEO 瓦格纳: 通用与上汽合作走向纵深" (*Wagoner, CEO von GM: Die Kooperation von GM und SAIC vertieft sich*), 6. November 2002, Internet-Plattform Sina, http://auto.sina.com.cn/news/2002-11-06/30318.shtml, Stand: 29. Juni 2005.

O. V. [Handelsministerium 2005]: „商务部专家解读汽车品牌销售管理实施办法" (*Das Handelsministerium interpretiert die Administration Measures on Branded Distribution of Automobile Products*), 1. April 2005, Nachrichtenagentur Xinhua, http://news.xinhuanet.com/auto/200504/01/content_2771453.htm, Stand: 31. August 2005.

O. V. [Hersteller 2006]: „2006 年自主品牌八大惊喜: 自主品牌市场份额激增" (*Hersteller überraschten 2006 mit acht eigenständigen Automarken: Marktanteil der einheimischen Marken steigt rasant an*), 22. Dezember 2006, http://auto.eastday.com/auto/node4/node5/node40/ula51832.html, Stand: 12. Februar 2007.

O. V. [Hintergründe 2006]: „奇瑞配件全面降价 30%的背后: 谁来为利润止血?" (*Hintergründe der Preissenkungen Cherys von über 30%: Wer rettet den Profit der einheimischen Hersteller*), 25. März 2006, Internet-Plattform Sina, http://auto.sina.com/news/2006-03-25/0947175556.shtml, Stand: 6. Februar 2007.

O. V. [Hindernisse 2006]: „汽车零部件工业需克服十大问题" (*Die zehn großen Hindernisse, die die einheimische Zulieferindustrie überwinden muss*), 15. Dezember 2005, http://info.jctrans.com/luyun/jsfx/20061215369682.shtml, Stand: 20. Februar 2007.

O. V. [Höhen 2007]: „2006 年轿车销量排名前十位厂家揭晓奇瑞跃居第四" (*Bekanntmachung der Rangliste des Autoabsatzes 2006: Chery steigt auf Platz vier*), http://news.xinhuanet.com/auto/2007-01/11/contant_5593907.htm, Stand: 24. Januar 2007.

O. V. [Honda 2003]: „广州本田的中国市场谋略" (*GAICs/Hondas Marketingstrategien in China*), 27. August 2003, Internet-Plattform CMMO, http://www.cmmo.com.cn/magazine/43/4325.shtml, Stand: 5. August 2005.

O. V. [Hybridautos 2005]: „中国首批混合动力汽车投入运营: 东风成国内首家" (*Chinas erste Hybridautos laufen vom Band – DMC ist der landesweite Pionier*), 4. Dezember 2005, Internet-Plattform Rednet, http://news.rednet.com.cn/Articles/2005/12/776899.HTM, Stand: 23. Dezember 2005.

O. V. [Hybridautos 2006]: „全球最先进氢能汽车作秀上海" (*Hybridautos auf dem weltweit höchsten technologischen Entwicklungsstand werden in Shanghai präsentiert*), 18. November 2006, http://www.espt.cn/new_view.asp?id=3529, Stand: 23. Mai 2007.

O. V. [Hyundai 2006]: „现代汽车集团加快全球化经营步伐" (*Hyundai beschleunigt seine globalen Business-Strategien*), 13. März 2006, http://www.china-korea.org/news/2006/03/13/22160715192336.html, Stand: 16. Februar 2007.

O. V. [Industry 2004]: „China's Automobile Industry", November-Dezember 2004, Deutsche Außenhandelskammer in China, http://www.china.ahk.de/articleslibary/0411_cover.pdf, Stand: 11. Juni 2005.

O. V. [Interesse 2005]: „北美几大零部件厂商对中国市场表示强烈关注" (*Große nordamerikanische Automobilzulieferer zeigen großes Interesse am chinesischen Fahrzeugmarkt*), 23. Januar 2005, Internet-Plattform China Auto News, http://www.qiche.com.cn/files/200501/23009.shtml, Stand: 19. Februar 2007

O. V. [Konkurrenzkampf 2005]: „汽车业竞争: 中外差距有多大?" (*Konkurrenzkampf: Wie groß ist der Abstand zwischen der einheimischen und der internationalen Automobilindustrie?*), 21. Februar 2005, Beijing Association for Science and Technology, http://www.bast.net.cn/kjxx/gnxx/2005/2/21/32931.shtml, Stand: 11. August 2005.

O. V. [Kurzbericht 2006]: „对外经济贸易概况“ (*Kurzbericht über den Zustand des Außenhandels*), http://www.guangzhou.gov.cn/node_450/2006-09/1159433547129838.shtml, Stand: 26. Oktober 2006.

O. V. [Lagebericht 2005]: „2004 年汽车产销情况调查“ (*Lagebericht zur Produktion und zum Absatz der Automobilindustrie des Jahres 2004*), 9. Juni 2005, Internet-Plattform Nowmba, http://www.nowmba.com/Article/showArticle.asp?ArticleID=3622, Stand: 18. August 2005.

O. V. [Mangel 2007]: „造血功能缺乏：中国本土零部件企业遭遇挑战“ (*Mangel an Widerstands- und Lebenskraft: Die einheimische Zulieferindustrie erlebt harte Konkurrenzkämpfe*), http://qiche.com.cn/files/200607/15013.shtml, Stand: 30. Oktober 2006.

O. V. [Marken 2007]: „自主品牌成最强力量中国系乘用车市场份额巨首“ (*Eigenständige Marken bilden unsere stärkste Kraft: Fahrzeuge made in China haben den größten Marktanteil hierzulande*), http://chinaneast.xinhuanet.com/jszb/2007-01/10/content_9002879.htm, Stand: 6. Februar 2007.

O. V. [Marktanteile 2005]: „2004 年自主品牌汽车市场份额进一步下降" (*Die Marktanteile der eigenständigen Automarken sind im Jahr 2004 weiter gesunken*), 23. April 2005, Internet-Plattform Sohu, http://auto.sohu.com/20050423/n225306515.shtml, Stand: 17. Juni 2005.

O. V. [Marktanteile 2008]: „市场占有率达到 18% 中国成为大众最大市场“ (*Marktanteil von 18%: China ist der bedeutendste Automarkt für VW*), 11. Januar 2008, http://www.china.com.cn/economic/txt/2008_01/11/content_9518300.htm, Stand: 7. Februar 2008.

O. V. [Mikrowagen 2008]: „2008 年微车不微“ (*Das Mikrowagensegment entwickelt sich 2008 alles andere als mickrig*), 31. Januar 2008, 中国汽车报 (China Automotive News), Stand: 6. Februar 2008.

O. V. [Modelle 2005]: „通用今年在华推十余款新车：有三款来自泛亚" (*GM plant für 2005 zehn neue Modelle in China einzuführen – Drei davon stammen aus der Entwicklung mit chinesischen Partnern*), 16. Februar 2005, Nachrichtennetzwerk Southcn.com, http://www.southcn.com/car/lmrd/200502160740.htm, Stand: 27. Juli 2005.

O.V. [Outsouring 2004]: „Outsourcing Automotive Parts in China", U.S. China Partners Inc, April 2004, http://www.outsourcing.com/china_trends/pdf/Outsourcing_Automotive_Parts_China.pdf, Stand: 13. Juni 2005.

O.V. [Olympia-Plan 2005]: „大众启动中国奥林匹克计划: 六领域将大重组" (*VW hat seinen Olympia-Plan gestartet: Änderungen in sechs Bereichen vorgenommen*), 14. Januar 2008, Internet-Plattform Xinhua News, http://news.xinhuanet.com/auto/2005-10/19/content_3644260.htm, Stand: 7. Februar 2008.

O. V. [PKW 2006]: PKW-Neuzulassungen 2006 Deutschland nach Herstellern, Internet-Plattform KFZ-Auskunft, http://www.kfz-auskunft.de/kfz/pkw_neuzulassungen_hersteller_2006.html, Stand: 14. Februar 2007.

O. V. [Pkw-Hersteller 2006]: „轿车企业首获政策性出口信贷金额达 3500 万美元" (*Einheimische Pkw-Hersteller bekommen zum ersten Mal staatliche Exportkredite in Höhe von 35 Millionen US-Dollar*), 15. September 2006, Internet-Plattform Xinhua News, http://news.xinhuanet.com/auto/2006-09/15/content_5092972.htm, Stand: 19. Februar 2007.

O. V. [Pkw-Produktion 2005]: „2004 年汽车全球产量为 6461.6 万辆中国位列第四位" (*2004: Weltweite Pkw-Produktion von 64,616 Millionen Fahrzeugen – China auf Platz vier*), 28. Febuar 2005, Internet-Plattform Enorth Netnews, http://economy.enorth.com.cn/system/2005/02/28/000973121.shtml, Stand: 5. Juni 2005.

O. V. [Pkw-Industrie 2005]: „从市场数据分析我国轿车行业" (*Analyse der chinesischen Pkw-Industrie anhand von Marktdaten*), 11. Mai 2005, Internet-Plattform Chinabgao, http://www.chinabgao.com/freereports/5316.html, Stand: 22. Juli 2005.

O. V. [Preissenkungen 2004]: „降价风暴能否激活汽车市场: 车价何时是个底?" (*Können Preissenkungen den Automarkt in Bewegung bringen? – Wo liegt die Untergrenze der Autopreise?*), 10. September 2004, http://cn.autos.yahoo.com/040920/55/25nbf.html, Stand: 17. Juni 2005.

O. V. [Preissenkung 2006]: „2006 年中国汽车降价事件大盘点: 降价月历" (*Die großen Preissenkungen der einheimischen Fahrzeugindustrie im Jahr 2006: Eine Chronologie*), 26. Dezember 2006, Internet-Plattform Enorth, http://auto.enorth.com.cn/system/2006/12/26/001500538.shtml, Stand: 12. Februar 2007.

O. V. [Preissenkung 2007]: „2007 年汽车降价幅度排行榜" (*Die größten Preissenkungen der Fahrzeugindustrie im Jahr 2007*), 20. Dezember 2007, http://auto.people.com.cn/GB/6676263.html, Stand: 5. Februar 2008.

O. V. [Produktion 2004]: „2003 年国产汽车产销突破 400 万辆" (*Produktion und Absatz der inländischen Automobilindustrie durchbrachen im Jahr 2003 die Vier-Millionen-Stückzahl-Grenze*), 14. Januar 2004, Ministry of Commerce of the People's Republic of China, Department of Market System Development, http://scjss.mofcom.gov.cn/aarticle/ztxx/200401/20040100171228.html, Stand: 26. Juni 2005.

O. V. [Produktion 2007]: „产销量破 700 万 中国车市成全球焦点" *(Mit einer Produktion und einem Absatz von über sieben Millionen Fahrzeugen zieht Chinas Fahrzeugmarkt weltweite Aufmerksamkeit auf sich)*, Internet-Plattform HC 360, http://info.research.hc360.com/2007/01/16104329788.shtml, Stand: 6. Februar 2007.

O. V. [Produktion 2008]: „2007 年中国汽车产销双超 870 万辆增幅 22%" (*Produktion und Absatz der chinesischen Automobilindustrie überschritten die 87-Millionen-Grenze im Jahr 2007: Wachstum um 22%*), 19. Januar 2008, Internet-Plattform Sohu, http://auto.sohu.com/20080119/n254754870.shtml, Stand: 31. Januar 2008.

O. V. [PSA 2005]: „对现有合资企业不满: 标致雪铁龙内地密寻新夥伴" (*PSA ist mit dem chinesischen Partner unzufrieden und sucht im Geheimen nach einem neuen Joint Venture-Partner*), 15. April 2005, http://economy.enorth.com.cn/system/2005/04/15/001005472.shtml, Internet-Plattform Enorth Netnews, Stand: 27. September 2005.

O. V. [Rangliste 2007]: „2006 年中国轿车销量排名出炉: 私车消费高峰到来" (*Veröffentlichung der Rangliste des Pkw-Absatzes 2006: Der private Autokonsum läuft auf höchstem Niveau*), 12. Januar 2007, Internet-Plattform Finance CE, http://finance.ce.cn/gdxw/200701/12/t20070112_10065870.shtml, Stand: 24. Januar 2007.

O. V. [Rangliste 2007]: „2007 年我国十大轿车厂家排名揭晓 一汽大众居首" (*Rangliste der Top-10-Pkw-Hersteller: FAW/VW auf Platz eins*), 13. Januar 2008, http://news.xinhuanet.com/newscenter/2008-01/13/content_7414317.htm, Stand: 31. Januar 2008.

O. V. [Regelungsflut 2007]: „汽车产能调控新一波：销量要达新批产能 80%“ (*Neue Regelungsflut zur Kapazitätssteuerung der Automobilindustrie: Absatz soll 80% des gesamten geplanten Kapazitätsausbaus ausmachen*), 5. Januar 2007, Internet-Plattform China Auto News, http://www.qiche.com.cn/files/200701/05020.shtml, Stand: 9. Februar 2007.

O. V. [Roewe 2007]: „荣威上市初战告捷: 十天预定超 3000 份“ (*Ein guter Start für Roewe: Über 3000 Fahrzeuge wurden innerhalb von zehn Tagen bestellt*), 7. Februar 2007, http://news.chinacars.com/huadonghuanan/shenzheng/209989.shtml, Stand: 6. Februar 2008.

O. V. [Rover 2005]: „上汽自主产品赛宝让位罗孚“ (*SAICs eigenständige Marke Saibao macht Platz für Rover*), 15. Dezember 2005, Internet-Plattform 21auto, http://www.21auto.cn/news/news_detailx.asp?newsid=3332&newstype=1&isinternal=0, Stand: 23. Dezember 2005.

O. V. [Rückblick 2007]: „2006 年中国汽车零部件行业大盘点“ (*Rückblick: So verlief das Jahr 2006 für die Zulieferindustrie*), 25. Januar 2007, Internet-Plattform All2Car, http://www.all2car.com/News/48045.html, Stand: 27. Februar 2007.

O. V. [SAIC 2004]: „上汽集团成立股份公司: 整体上市计划启动“ (*SAIC gründet eine Aktiengesellschaft: Die Planung des Börsengangs hat begonnen*), 31. Dezember 2004, Internet-Plattform Sina, http://finance.sina.com.cn/stock/s/20041231/09461264631.shtml, Stand: 11. Juni 2005.

O. V. [SAIC 2006]: „上汽荣威 750 昨日亮相: 预计价格 20 万左右“ (*SAIC präsentiert sein Modell Roewe der Öffentlichkeit: Verkaufspreis schätzungsweise 20.000 RMB*), 25. Oktober 2006, Internet-Plattform Sohu, http://auto.sohu.com/20061025/n245993251.shtml, Stand: 4. April 2007.

O. V. [Schicksal 2007]: „南汽上汽签约: 菲亚特命运何从?“ *(NAIC und SAIC haben unterschrieben: Und welches Schicksal hat Fiat?)*, 16. Dezember 2007, Internet-Plattform Qiche168, , http://www.che168.com/article/html/200712/20071226/20071226_186264_2.html, Stand: 7. Februar 2008.

O. V. [Senkung 2007]: „2007 年车价降幅仍将保持 5.6%: 厂家不轻易降价“ (*An einer Senkung der Fahrzeugpreise in Höhe von 5,6% wird wohl im Jahr 2007 festgehalten: Hersteller geben zähneknirschend nach*), 25. Januar 2007, http://auto.scol.com.cn/html/2007/01/002001001_570802.shtml, Stand: 12. Februar 2007.

O. V. [Situation 2004]: „中国汽车零部件业的进出口形势及对策“ (*Die Situation der Import- und Exportgeschäfte der chinesischen Automobilzulieferindustrie und Strategie-Empfehlungen*)“, 4. Juni 2004, Internet-Plattform Sina, http://auto.sina.com.cn/news/2004-06-04/67645.shtml, Stand: 15. Juni 2005.

O. V. [Statistik-Ministerium 2005]: „统计局: 2004 年仅增一家. 我国轿车企业扩张锐减“ (*Statistik-Ministerium: Anzahl der Pkw-Hersteller stieg 2004 lediglich um einen. Das Wachstum der einheimischen Pkw-Industrie bekommt einen Dämpfer*), 31. Januar 2005, Internet-Plattform Xinhua Net, http://news.xinhuanet.com/zhengfu/2005-01/31/content_2528643.htm, Stand: 13. Februar 2007.

O. V. [Statistik-Ministerium 2006]: „国家统计局发布 2005 年国民经济和社会发展统计公布“ (*Statistik-Ministerium gibt Daten über die wirtschaftliche und soziale Entwicklung 2005 bekannt*), http://news.xinhuanet.com/fortune/2006-02/28/content_4239253.htm, Stand: 26. Oktober 2006.

O. V. [Stellung 2006]: „中国汽车零部件在全球供应链当中的地位“ (*Stellung der chinesischen Zulieferindustrie in der globalen Supply Chain*), 30. Oktober 2006, Internet-Plattform CE, http://www.ce.cn/cysc/auto/hytx/hyxw/200610/30/t20061030_9197735.shtml, Stand: 10. April 2007.

O. V. [Temperament 2005]: „唯利是图毫不掩盖: 看现代的脾气“ (*Unverhüllt profitsüchtig: Hyundais Temperament*), 6. Juli 2005, Internet-Plattform Sohu, http://auto.sohu.com/20050706/n240146700.shtml, Stand: 29. Juli 2005.

O. V. [Top 10 2008] China's 2007 top 10 car manufacturers, 22. Januar 2008, http://www.thetycho.com/news_topten2007.htm, Stand: 31. Januar 2008.

O. V. [Trennen 2004]: „是分手还是抛弃: 探究上汽与奇瑞的关系“ (*Trennen oder im Stich lassen: Die Beziehung von SAIC zu Chery*), 30. September 2004, Internet-Plattform 263, http://auto.263.net/20040930/00435380.html, Stand: 22. Juni 2005.

O. V. [Trennung 2007]: „菲亚特与南汽离婚成定局“ (*Die Trennung zwischen Fiat und NAIC steht fest*), 16. Juni 2007, http://www.cnstock.com/jryw/2007-06/16/content_2245752.htm, Stand: 7.Februar 2008.

O. V. [Überkapazität 2007]: „发改委出重拳严控产能过剩: 六大措施严控新项目“ (*Nationale Entwicklungs- und Reformkommission unterbindet Überkapazitäten: Sechs Maßmahmen zur Kontrolle neuer Pkw-Projekte*), 10. Januar 2007, Xinhua News, http://news.xinhuanet.com/auto/2007-01/10/content_5586933.htm, Stand: 16. Februar 2007.

O. V. [U.S. 2006]: „Chinese Automaker Coming to U.S.“, Internet-Plattform MSN, 10. Januar 2006, http://autos.msn.com/as/article.aspx?xml=Geely&shw=autoshow2006, Stand: 05. Februar 2007.

O. V. [Veröffentlichung 2007]: „2006 年 10 大畅销轿车公布: 没有全新车型“ (*Veröffentlichung der zehn beliebtesten Automodelle 2006: Kein einziges Neumodell schaffte es in die Liste*), 22. Januar 2007, http://auto.people.com.cn/GB/1049/5310634.html, Stand: 8. Februar 2007.

O. V. [Vertriebsformem 2005]: „我国汽车营销模式的现状及其发展变化“ (*Die aktuelle Situation und die Entwicklungstendenzen der Vertriebsformen der Automobildistribution in China*), 17. Mai 2005, Internet-Plattform 263, http://auto.263.net/20050517/00479562.html, Stand: 29. September 2005.

O. V. [Vertriebsformen 2007]: „我国汽车市场分销渠道模式“ (*Die Vertriebsformen der Automobildistribution in China*), http://www.chinaacc.com/new/287/294/348/2006/7/ma607517223982760029612-0.htm, Stand: 21. Februar 2007.

O. V [Vier 2005]: „四大集团肉搏 1,0 排量: 微车业的围剿与反围剿“ (*Vier Automobilunternehmen kämpfen um Marktanteile: Offensiven und Gegenoffensiven im Mikrosegment*), 1. Juli 2005, Internet-Plattform China Auto News http://www.qiche.com.cn/files/200507/01033.shtml, Stand: 1. Juni 2005.

O. V [VW Vahland]: „范安德回顾大众汽车中国 2007 展望 2008“ (*Der China-Chef von VW, Winfried Vahland: Rückblick auf 2007 und Ausblick auf 2008*), 14. Januar 2008, Internet-Plattform Sohu, http://www.sohu.com/20080114/n254654081.shtml, Stand: 7. Februar 2008.

O. V. [Weg 2005]: „中国汽车的自主开发为何总是雷声大雨点小?” (*Warum wird auf dem Weg zur Entwicklung einer eigenständigen chinesischen Automobilindustrie so viel geredet, aber so wenig gehandelt?*), 28. Februar 2005, Internet-Plattform Qianlong, http://auto.qianlong.com/36/2005/02/28/1680@2529635.htm, Stand: 19. Juni 2005.

O. V. [Welle 2008]: „汽车业涌动整合潮“ (Fusionswelle in der Automobilindustrie), 4. Februar 2008, http://finance.cctv.com/20080204/102183.shtml, Stand: 7. Februar 2008.

O. V. [Zulieferindustrie 2006]: „零部件占汽车行业利润近 4 成“ (*Die Zulieferindustrie erwirtschaftet 40% der Profite der gesamten Automobilindustrie*), http://bjyouth.ynet.com/article.jsp?oid=10386069, Stand: 30. Oktober 2006.

O. V. [Zuversicht 2006]: „看好四川大市场：长安福特筹扩产“ (*Zuversicht auf dem Markt in Sichuan: Chang'an plant Kapazitätsaubau*), 17. November 2006, http://cdtb.mofcom.gov.cn/aarticle/zonghsw/200611/20061103767745.html, Stand: 12. April 2007.

O. V. [Zuwächse 2007]: „众多跨国汽车巨头 2006 年在华销售业绩全球领“ (*Im globalen Vergleich erzielen die internationalen Automobilhersteller in China die höchsten Zuwächse*), 18. Januar 2007, Internet-Plattform CNNAuto, http://www.cnnauto.com/cjxw/42417.shtml, Stand: 23. Mai 2007.

PDAY Research (2006): „2006 年中国汽车零部件企业投资重组分析报告" (*Bericht über die Konsolidierung der Investitionen in der chinesischen Automobilzulieferbranche*), Oktober 2006.

People's Daily [China stands 2006]: China stands as world's 2nd largest auto market, 13. Januar 2006, http://english.peopledaily.com.cn/200601/13/eng20060113_235259.html, Stand: 13. Januar 2006.

People's Daily [Trade deficit 2005]: China's auto trade deficit reduced by large margin, 28. Oktober 2005, http://english.people.com.cn/200510/28/eng20051028_217456.html, Stand: 13. Januar 2006.

Porter, M. E. (1999): Wettbewerbsvorteile: Spitzenleistungen erreichen und behaupten, Frankfurt/New York, 1999.

Qiu L. D. (2005): China's Automotive Industry, Hong Kong Unversity of Science and Technology, 2005.

Qiu L.L./Turner L./Smyrk L.(2004): A Study of Changes in the Chinese Automotive Market Resulting from WTO Entry, Australia, 2004.

Raffée, H. (1979): Marketing und Umwelt, Stuttgart.

Reuters [China's Chery Cars 2006]: China's Chery Cars seen debuting in US at end of 2007, Agenturmeldung vom 9. Januar 2006, http://today.reuters.com/news/newsArticleSearch.aspx?storyID=206999+09-Jan-2006+RTRS&srch=China, Stand: 9. Januar 2006.

Reuters [General Motors 2006]: General Motors senkt Preise für zwei wichtige Modelle in China, Agenturmeldung vom 4. Januar 2006.

Reuters [Zweitgrößter Automarkt 2006]: China ist seit 2005 weltweit zweitgrößter Automarkt, Agenturmeldung vom 13. Januar 2006.

R. L. Polk & Co. (2007): „2006 年国内汽车市场回顾" (*Rückblick auf den chinesischen Kfz-Binnenmarkt des Jahres 2006*), Februar 2007.

Ruhland, J. (1987): Quantitative Energiekrisenplanung, München.

Sandschneider, E. (2005): Anleitung zur Drachenpflege - Vom Umgang des Westens mit dem schwierigen Partner China, in: Internationale Politik, Dezember 2005, S. 6–13.

Schellhase, R. (1998): Der Transrapid im Verkehrsmarkt: eine Szenario-Analyse, Wiesbaden.

Schucher, G. (2005): Leere Kassen in der Rentenversicherung, in: China aktuell, 4/2005, S. 82–83.

Schweitzer, M. (1989): Planung und Kontrolle, in: Bea, F. X./Dichtl, E./Schweitzer, M. (Hrsg.): Allgemeine Betriebswirtschaftslehre, Band 2, Stuttgart/NewYork, S. 9–72.

Scot, T. M. (2005): Chinese Government Responses to rising Social Unrest, Testimony presented to the US-China Economic and Security Review Commission, 14. April 2005.

SEM/Yulon Website, http://www.souesat-motor.com/soueast/company.htm, Stand: 19. Juli 2005.

Shanghai Daily [Auto sales 2006]: Auto sales growth rallies to 13.45%, 13. Januar 2006, http://www.shanghaidaily.com/art/2006/01/13/235950/Auto_sales_growth_rallies_to_13_54_.htm, Stand: 13. Januar 2006.

Shanghai Daily [Chongqing 2006]: Chongqing to become another Detroit, 20. Januar 2006, http://www.shanghaidaily.com/press/2006/01/20/chonging-to-become-another-detroit/, Stand: 23. Januar 2006.

Shanghai Daily [Prius 2006]: Prius begins sales in Beijing, 16. Januar 2006, http://www.shanghaidaily.com/art/2006/01/16/236319/Prius begins sales in Beijing.htm, Stand: 22. Januar 2006.

Shanghai GM Website, http://www.shanghaigm.com/html/action CATEGORY_PG_CategorySearch/CategoryNode.id3/Categorysmallbean.pid3/Categorysmallbean.id13.html, Stand: 22. Dezember 2005.

Shanghai Volkswagen Website, http://www.csvw.com/csvw/index.htm, Stand: 22. Dezember 2005.

Shen Ningwu 沈宁吾 (2005): „我国汽车零部件工业的现状和发展" (*Aktuelle Situation und Entwicklungstendenzen der chinesischen Automobilzulieferindustrie*), http://forum.autoinfo.gov.cn/autoinfo_cn/ifadbbs/2005/zjjg/snw.pdf, Stand: September 2005 in Tianjin.

Shi Baohua 史宝华 (2004): „乘用车油耗强制性国标出台" (*Neuregelung beim Kraftstoffverbrauch in Kraft getreten*), 29. Oktober 2004, Internet-Plattform China Economic Net, http://www.ce.cn/cysc/auto/hyxw/200410/29/t20041029_2124520.shtml, Stand: 17. September 2005.

SIC State Information Center (2002): 中国汽车行业分析报告 (2001 年 4 季度), (*Analytischer Bericht über die chinesische Automobilbranche [4. Quartal 2001]*), Beijing.

Sieren, F. (2005): Der China Code, Berlin.

Statistisches Bundesamt Deutschland [Deutschland]: Deutschland im internationalen Vergleich 2005, http://www.destatis.de/download/d/veroe/dimintvergleich.pdf, Stand: 25. Juli 2005.

Statistisches Bundesamt Deutschland [Pkw-Dichte]: Ausgewählter Indikator: Pkw-Dichte, http://www.destatis.de/cgi-bin/ausland_suche.pl, Stand: 25. Juli 2005.

Steinmann, G./Schreyögg, H. (1997): Management: Grundlagen der Unternehmensführung, Konzepte - Funktionen - Fallstudien, Wiesbaden.

Sternfeld, E./Graf von Waldersee, C. (2005): Die Lage der Umwelt in China, in: Internationale Politik, Dezember 2005, S. 52-64.

Süddeutsche Zeitung [Angst 2004]: Angst im gelobten Land, 4. Mai 2004, S. 22.

Süddeutsche Zeitung [Hunger 2004]: Chinas Hunger nach Strom, 11./12. September 2004, S. 19.

Süddeutsche Zeitung [SAIC 2005]: SAIC plant Modell auf Rover-Basis, 26. Juni 2005, S. 27.

The Economic Observer (2005): „一汽一季度亏损达 5,4 亿" (*Die Verluste von FAW im ersten Quartal belaufen sich auf 540 Millionen RMB*), 11. Juli 2005, Internet-Plattform Autohome, http://www.autohome.com.cn/news/200507/9166.thml, Stand: 22. Oktober 2005.

The Economist (2004): No right to work, 9. September 2004.

The Export-Import Bank of China (2006): „2005 年我国汽车出口数量首次大于进口但金额相差甚远" (*Im Jahr 2005 überstieg der Export der nationalen Automobilindustrie zum ersten Mal mengenmäßig den Import, aber das finanzielle Volumen des Exports ist weiterhin verleichsweise begrenzt*), 15. Februar 2006, http://www.eximbank.gov.cn/info/Article.jsp?a_no=1384&col_no=37, Stand: 26. Oktober 2006.

The Financial Times (2005): Next for the West Are Cars "Made in China", 1. June 2005.

The New York Times [Cities 2004]: For China's Booming Cities, Not all Growth Is Good Growth, in: Supplement in der Süddeutschen Zeitung, 30. August 2004, S. 3.

The New York Times [Investment 2005]: Investment Bubble Builds New China, 23. März 2005, section C, p. 1.

The New York Times [Tidal 2004]: In a Tidal wave, China's Masses Pour From Farm to City, 12. September 2004, section 4, p. 6.

The New York Times [Wave 2005]: Next Wave From China: Exporting Cars to the West, 25. Juni 2005, section C, p. 4.

Toyota (China) Website [1]: http://www.toyota.com.cn/InChina/Toyotainchina_yyqdhzhzhxm_001.htm, Stand: 5. Dezember 2005.

Toyota (China) Website [2]: http://www.toyota.com.cn/InChina/Toyotainchina_yyqdhzhzhxm_002.htm, Stand: 22. Dezember 2005.

Tsuji M. (2004): Agglomeration and Industrial Policy of the Chinese Automotive and Parts Industries, Japan, 2004.

UBS Investment Research (2005): China's auto Sector, London/Shanghai.

VDA [1] Verband der Automobilindustrie: Neuzulassungen von Personenkraftwagen nach Marken, http://www.vda.de/de/aktuell/statistik/jahreszahlen/neuzulassungen/index.html. Stand: 11. Dezember 2005.

VDA [2] Verband der Automobilindustrie: Automobilproduktion, http://www.vda.de/aktuell/statistik/jahreszahlen/automobilproduktion, Stand: 23. Januar 2006.

VOA News [China 2006]: „中国称几年后经济总量增三分之一" (*China hat angekündigt, sein BIP in den kommenden Jahren um ein Drittel zu steigern*), http://www.voanews.com/chinese/w2006-10-11voa12.cfm, Stand: 26. Oktober 2006.

VOA News [Detroit 2006]: China's Geely Wows Detroit Auto Show, 20. Januar 2006, http://www.voanews.com/english/AmericanLife/2006-01-20-voa56.cfm, Stand: 27. Januar 2006.

VOA News [Growth 2006]: China Reports Substantive Growth in 2005, 25. Januar 2006, http://www.voanews.com/english/China-Reports-SubstantiveGrowth-in2005.cfm, Stand: 26. Januar 2006.

Von Reibnitz, U./Geschka, H./Seibert, S. (1982): Die Szenario-Technik als Grundlage von Planungen, Frankfurt.

Von Reibnitz, U. (1983): Szenarien als Grundlage strategischer Planung, in: Harvard Manager, Nr. 1, 1983, S. 71–79.

Von Reibnitz, U. (1987): Szenarien-Optionen für die Zukunft, Hamburg.

Von Reibnitz, U. (1992): Szenario-Technik: Instrumente für die unternehmerische und persönliche Erfolgsplanung, Wiesbaden.

Walter, N. (2005): Weder Seifenblase noch „gelbe Gefahr", in: Internationale Politik, Dezember 2005, S. 82–83.

Wang Qiufeng 王秋风 (2005): „暗渡陈仓的中国跨越: 丰田让大众靠边站" (*Mit List und Tücke macht Toyota in China Riesenschritte und verdrängt VW*), 13. August 2005, Internet-Plattform China Auto News, http://www.qiche.com.cn/files/200508/13001.shtml, Stand: 27. September 2005.

Wang Jean [WTO Commitments]: China's New Automobile Policy Fails to comply with its WTO Commitments, ExpressO Preprint Series, Year 2005, Paper 758, http://law.bepress.com/cgi/viewcontent.cgi?article=3665&context=expresso, Stand: 27. Februar 2006.

Wang You 王佑 / Xu Chenhua 徐晨华 (2005): „伟世通再购三零部件商: 在华订单直追德尔福“ (*Visteon kauft erneut drei Zulieferer auf und bleibt mit seinen Umsatzzahlen in China Delphi auf den Fersen*), 15. Juni 2005, Internet-Plattform NetEase, http://biz.163.com/05/0615/04/IM8UL69K00020QEN.thml, Stand: 20. Juni 2005.

Weinbrenner, P. (1992): Auto 2010 - Ein Beispiel für den Einsatz der Szenario-Technik im wirtschafts- und sozialwissenschaftlichen Unterricht, Fakultät für Wirtschaftswissenschaften der Universität Bielefeld.

Wieder, M. (2004): China - Automobilmarkt der Zukunft? - Wie nachhaltig und zukunftsorientiert sind die Strategien der internationalen Automobilindustrie in China? Wissenschaftszentrum Berlin für Sozialforschung (WZB).

Wiedmann, K.-P./Kreutzer, R. (1989): Strategische Marketingplanung - Ein Überblick, in: Raffée, H./Wiedmann, K.-P. (Hrsg.): Strategisches Marketing, Stuttgart, S. 61-141.

Wirtschaftswoche [Exporteur 2004]: Automobile: China wird Exporteur, 24. September 2004, http://www.wiwo.de/pswiwo/fn/ww2/sfn/bm_artikel/bmpara/1012/bmpara/415254205374616e64617264/id/664/id/74774/fm/0/artprint/1/SH/0/depot/0/index.html, Stand: 12. November 2005.

Wirtschaftswoche Sonderheft China [Gas 2005]: Gas geben, 27. Oktober 2005, Nr. 1, S. 64.

Wirtschaftswoche Sonderheft China [Grübeln 2005]: Ins Grübeln, 27. Oktober 2005, Nr. 1, S. 68-73.

Wirtschaftswoche Sonderheft China [Kraft 2005]: Kraft der zwei Herzen, 27. Oktober 2005, Nr. 1, S. 22.

Wirtschaftswoche Sonderheft China [Noch vestärken 2005]: Noch verstärken, 27. Oktober 2005, Nr. 1, S. 42-46.

Woltermann, A./Weller, M./Jendrek, F./Breyer, A. (2004): Betriebswirtschaftliche Konsequenzen der ab dem 1.10.2005 geltenden Niederlassungsfreiheit, Bonn, 2004.

World Bank Operations Evaluation Department (OED) (2004): China - An Evaluation of World Bank Assistance, Advance Copy, Washington, D.C.

World Bank (2006): World Development Indicators database, 1. July 2006.

Xiucai, Nr. 51/31. Oktober 2004, Nr. 53/21. Januar 2005, Nr. 55/15. März 2005, Ostasieninstitut der FH Ludwigshafen.

Zhang Junhua (2003): Der Aufbau eines sozialen Sicherungssystems in der VR China - eine kritische Betrachtung, zweiteilig, in: China aktuell, Nr. 7, Juli 2003, S. 866–875 sowie in: China aktuell, Nr. 8, August 2003, S. 986–997.

Zhang Yi 张毅 (2004): „入世三年过渡期将近: 中国汽车业前景将会如何" (*Die Übergangszeit neigt sich dem Ende entgegen: Welche Aussichten hat die chinesische Automobilindustrie drei Jahre nach dem WTO-Beitritt*), 30. März 2004, Pacific Cars Network, http://www.pcauto.com.cn/news/hyxw/0403/59187_1.html, Stand: 21. Juni 2005.

Zielke, S./Preißner, M./Wierich, R. (2002): Neue Betriebsformen im Automobilhandel, in: Mitteilung des IfH Institut für Handelsforschung an der Universität zu Köln II/02, http://www.wiso.uni-koeln.de/handel/Arbeitspapiere/neuebetriebsformen.pdf, Stand: 5. Oktober 2005.

ZYPH Intelligence (2004): The Industry Research Report of China, Shenzhen.

Zeitfracht Medien GmbH
Ferdinand-Jühlke-Straße 7
99095 Erfurt, Deutschland
produktsicherheit@kolibri360.de